GUÍA DE INICIACIÓN A LA MEDITACIÓN CRISTIANA

UN VIAJE HACIA EL CORAZÓN DE LO DIVINO

GUÍA DE INICIACIÓN A LA MEDITACIÓN CRISTIANA

Un viaje hacia el corazón de lo Divino

Taylor Remington

GUÍA DE INICIACIÓN A LA MEDITACIÓN CRISTIANA - Un viaje hacia el corazón de lo Divino

www.rooakh.com

Publicado por Seraph Creative

Primera Edición

Meditación cristiana, espiritualidad cristiana, misticismo, transformación, oración contemplativa, crecimiento personal, oración.

Las citas bíblicas están traducidas de la New American Standard Bible, salvo en los casos en los que se menciona otra versión.

Diseño de la portada por Taylor Remington

Tipografía y diseño de Feline

www.felinegraphics.com

ÍNDICE

Dedicado a mi fantástica esposa
y mejor amiga, Megan.

Nos esperan muchos más viajes.

PREFACIO

De todos los alumnos que comenzaron conmigo hace unos años después de llegar a Venice California, Taylor y su esposa, Megan, han sido de los más comprometidos y estudiosos. Taylor, autor de este libro, es un auténtico buscador de los misterios. Este libro sirve de introducción a la meditación desde una perspectiva cristiana, y es a la vez útil para cualquiera que desde cualquier trasfondo esté interesado en el desarrollo del cuerpo, del alma y de la mente. Esta guía establece estructuras y procesos de meditación que son fáciles de seguir y a la vez profundamente espirituales. No es sencillo escribir un libro que sea académicamente serio y a la vez espiritualmente accesible. Taylor lo ha logrado y los próximos capítulos evidencian un excelente trabajo de investigación para presentar la información de forma amena. De principio a fin, tanto el marco histórico como las ideas teóricas se exponen de manera accesible y se entrelazan con experiencias espirituales del propio pozo interior del autor. Taylor no solo ha estudiado la espiritualidad, sino que la experimenta y la vive. Como resultado, este trabajo integra diversas prácticas.

¿Cómo podemos alcanzar la ráfaga de los movimientos de los más veloces rayos de luz del mundo espiritual? O mejor dicho, ¿cómo podemos posicionarnos para que sus ondas nos sumerjan en las corrientes etéreas? Esas corrientes de destellos que bailan de pasada por la periferia de nuestras siempre tan ocupadas mentes, ¿cómo usarlas para acceder al paisaje interior del espíritu? La respuesta es a través de la meditación. Muy pocos tienen la capacidad innata de mantener la atención en esa realidad. Incluso los que poseen ese don natural necesitan aprender a retener esas experiencias con firmeza, abrazando tanto la belleza como a veces el terror para traer esa sustancia al mundo físico y hacer que esas experiencias se conviertan en un caleidoscopio de los maravillosos espectros de la luz divina. Todo el mundo debe aprender, y la mejor manera de hacerlo es practicando la meditación. La mayoría de los principiantes e incluso algunos veteranos se dejan sorprender por la fauna de la consciencia y de otros mundos dejando a un lado el proceso de transformación personal. A menudo, lo único que hace falta es un poco de instrucción para entrar y mantenerse en esos planos de consciencia a través de ejercicios hasta que la persona encuentre su propio jardín interior. Creo que es precisamente esto lo que hace este libro sobre meditación. Taylor ha creado una guía que puede ser de utilidad tanto al principiante como al iniciado. Hacía falta un libro como este, y gracias a Dios es un trabajo elocuente y bien articulado. Recomiendo este libro con un corazón agradecido a Dios. Será una bendición para todo el que lo lea con atención.

Adonijah O. Ogbonnaya, Doctor en Filosofía
Venice, California 2020

«La ecología del Cielo es como un grano de mostaza, que un hombre tomó y plantó en su campo, que en verdad es la más pequeña de las semillas: pero cuando ha crecido es la más grande de todas y se hace árbol, de tal manera que las aves del cielo hacen nidos en sus ramas».

Mateo 13:31-32

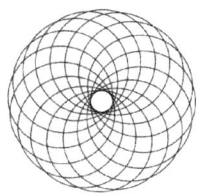

INTRODUCCIÓN

Empecé a explorar los procesos meditativos hace unos ocho años, y este libro es el resultado de las experiencias acumuladas y los conocimientos adquiridos en ese tiempo. Surgió por el deseo de ver individuos y comunidades del ámbito cristiano explorar y practicar actividades meditativas con el objetivo de despertar a realidades más profundas de nuestra unión espiritual con Cristo. Hace casi una década desde que empecé a descubrir mis raíces judías y a probar varias técnicas judías bajo la recomendación y tutela de mi maestro y mentor Adonijah Ogbonnaya Doctor en Filosofía, teólogo de origen nigeriano con raíces judeocristianas y místico.[i] Al poner en práctica e incluir en mi vida esos procesos, empecé a ser consciente de las sutilezas de la conexión entre la mente y el cuerpo, las cuales juegan un papel enorme a la hora de acceder a ciertos mundos espirituales en estados transpersonales de consciencia.

Con el paso del tiempo y al ganar más profundidad en mis prácticas, empecé a buscar técnicas cristianas de distintas eras de entre los dos últimos milenios que pudiera usar e incorporar. Durante esta búsqueda, encontré historias y ejemplos de métodos pero escasos recursos a la hora de aprender el "cómo se hace" para una experiencia significativa para una persona no monástica. Con la ayuda del Espíritu, conseguí probar y refinar técnicas y metodologías y descubrir a base de prueba y error que estas tenían un efecto intensificador en mis interacciones espirituales. Este libro está repleto de herramientas fundamentales que usé y sigo usando para relacionarme con el Espíritu Santo, para descubrir la realidad de mi unión con Cristo y para moverme en los meta mundos y sistemas con el objetivo de "traer el cielo a la tierra". Estas técnicas me han llevado y me siguen llevando a experimentar estados transomáticos,[ii] estados de unión extáticos, palabras de sabiduría, revelación profética, transformación del corazón, reequilibrio emocional y somático, restauración de relaciones y mucho más.

Una de las claves para este tipo de actividad espiritual que he aprendido es la capacidad de mantener la mente y el corazón enfocados en la presencia del Espíritu Santo que emana de dentro como una fuente. Es aquí, dentro, donde encontramos la puerta que lleva al agua de vida que sustenta y da vida al Alma. Una noche, hace tiempo, experimenté esta puerta y al despertar sentí una presencia energética en mi dormitorio. Permanecí tumbado en la cama mientras llevaba mi atención a la respiración para interactuar con la presencia que sentía a mi alrededor. Al poco rato, escuché una voz decir: «Levántate y anda». En ese momento sentí algo parecido a lo que ocurre en la película Doctor Strange cuando el maestro de Stephen Strange le empuja a salir de su cuerpo, y me encontré flotando totalmente fuera de mí mismo. Esto no fue algo que viviera en mi imaginación o en mi mente, sino estando cien por cien despierto, consciente y lúcido. No fue ni un sueño, ni un sueño lúcido, sino una experiencia real de estar fuera de mi cuerpo. Además, tengo que añadir que cuando tuve esta experiencia estaba de visita en un lugar donde nunca antes había estado y llegué a este lugar bien entrada la noche con lo cual no vi nada de lo que rodeaba el edificio donde iba a dormir. Cuando miré hacia arriba, vi a Jesús de pie, irradiando una luz pura e intensa, y me dijo: «Sígueme. Hay algo que quiero enseñarte». Él atravesó la pared para salir al exterior, yo le seguí atravesando la pared y allí vi el jardín "exterior". Todas las plantas que veía mientras flotaba por el jardín tenían unos colores intensos bajo la luz de la luna y el exterior de las hojas estaba recubierto de una luz dorada de otro mundo que palpitaba. Conforme flotábamos hacia el suelo, me llevó hasta una fuente en medio del jardín y me dijo: «Bebe». Descendí, me puse de rodillas y junté mis manos espirituales para coger agua y sorber un trago. En el momento que tragué el agua, volví instantáneamente a mi cuerpo. A la mañana siguiente, me levanté y salí al jardín y comprobé que ese exterior que nunca antes había visto era casi idéntico al que vi estando fuera de mi cuerpo, salvo las hojas doradas luminosas. La única gran diferencia era que la fuente no existía en el mundo físico, sino que había sido una realidad espiritual superpuesta sobre la realidad en la que yo estaba.

Gracias a esa experiencia aprendí que beber de la presencia de forma continuada le lleva a uno a vivir en una comunión más íntima con Cristo que no solo resulta en la transformación de la naturaleza del Cristo dentro de la persona, sino que además la lleva a varios estados de consciencia que le permiten el acceso a mundos dimensionales de la presencia divina. Sin embargo, también aprendí que beber de la presencia no siempre fue sencillo ya que mi mente se distraía con facilidad. La clave de todo esto reside en el enfoque o la mirada. Por eso, las técnicas de este libro te ayudarán a afinar tu mente para potenciar y sensibilizar tu mirada hacia la presencia de Cristo en ti.

No te desanimes si no ocurre nada de inmediato. He pasado por largas temporadas en las que me resultaba muy difícil concentrarme, o simplemente no me ocurría nada profundo. Pero cuando las cosas empezaron a abrirse de nuevo espiritualmente, fui capaz de ver cómo los procesos que seguía practicando en las temporadas secas me llevaban adelante y me preparaban para lo que estaba a punto de despertar a continuación. Así que anímate, ten en cuenta que esto es un viaje, un proceso hacia el corazón de lo Divino. Como Abraham, somos nómadas. Nuestro hogar está en la realidad de llegar a ser, crecer y seguir la vida y el movimiento del Espíritu. Y todos estos procesos forman parte de ese viaje que nos acerca cada vez más a un despertar continuo de la presencia Divina en nuestro interior.

Conforme avanzamos en nuestros viajes, nos encontramos con que un nuevo mundo se cierne sobre nosotros a medida que progresamos hacia una nueva era de práctica espiritual cristiana y su emergente participación con el Espíritu Divino. Este libro pretende sentar las bases para algunas prácticas que conducirán a una mayor comunión con el Espíritu, pero, antes de profundizar en tales métodos de meditación, prácticas espirituales y la imaginación, debo señalar algunos ajustes terminológicos clave utilizados a lo largo de esta obra.

En primer lugar, en las páginas que siguen me refiero a Dios en su carácter colectivo unificado como "lo Divino". Su etimología se inclina hacia lo que se manifiesta característicamente de los ideales más elevados del Espíritu. Cuando escribo "Espíritu", me refiero a la actividad o energía de lo Divino. Transmite el movimiento y la vida de la Trinidad que interpenetran toda la creación y su interrelación, que atrae toda actividad hacia momentos fluidos de unificación amorosa y restauración.[iii] Intento evitar el uso del nombre "Dios" no porque no crea en ese término, sino más bien porque "Dios", en nuestra comprensión tradicional de esa palabra, sólo hace referencia a un aspecto de lo Divino. Dependiendo de cómo se aborde su etimología, ese sustantivo puede estar relacionado con el "bien" o con "derramar ", como en derramar una libación. Los propósitos intencionados y creativos ponen de relieve otros nombres y, por tanto, tienen el potencial de ampliar nuestra experiencia incrementando nuestro vocabulario al referirnos a "Dios".

En segundo lugar, he optado por utilizar el término "Ecología del Espíritu" en lugar de la traducción tradicional "Reino de Dios". No estoy en absoluto en contra del uso de la palabra "reino" o incluso "Reino de Dios", sin embargo, mi sensación es que hay un término más lleno de significado para nosotros hoy en día que creo que refleja la profundidad del significado que Jesús expresó en los Evangelios. Para entender el razonamiento que subyace a esta sustitución de palabras, debemos examinar primero el término "eco-logía". La palabra o prefijo griego eco significa 'casa o entorno', lo que implica una conexión familiar entre los miembros de un entorno compartido. A continuación, el sufijo -logia significa 'estudio de x' y cabe señalar que logia está relacionada con la palabra griega Logos, que significa 'palabra'. Esto no significa que debamos traer a la mente la Biblia escrita, sino el contexto en el que el Evangelio de Juan llama a Jesús el Logos; este se refiere a aquello que da estructura y forma a toda la vida. Es la mente o conciencia del Espíritu manifestada para producir diferencia y multiplicidad, permitiendo que se hagan distinciones, así «Todas las cosas llegaron a existir por medio de Él, y aparte de Él no llegó a existir nada de lo que ha llegado a existir». En pocas palabras, siempre que veas la palabra "ecología" en este libro, se refiere al proceso ambiental, creativo y amoroso del Verbo-Logos.

Esta terminología ecológica devuelve nuestra construcción de sentido[iv] simbólico a la visión relacional de su denominación. A través de estos cambios, volvemos a una imagen familiar que reconfigura nuestra atención al Cosmos y nuestro papel redimido con toda la Naturaleza como copartícipes, es decir, como benefactores y cuidadores de esta Creación. La ecología que Jesús, o en hebreo Yeshua, nos llama a buscar, por tanto, no es una imagen abstracta o distante de "gobernar", sino que pone de relieve nuestro increíble papel en el proceso de sostener, producir y restaurar todas las formas de vida.

Además, y a propósito, la imaginería medioambiental de este término refuerza la afirmación de Yeshua en Juan 3 de que el Espíritu es como el viento, el aliento y el aire que mueve, da forma, crea y llena el mundo entero. Así como el aire que respiramos da vida a nuestro cuerpo, la Ecología del Espíritu es la vida de todo nuestro Ser. Y así como el aliento o el viento son invisibles, pero su impacto y sus acciones se ven a través de la creación visible, la Ecología del Espíritu manifiesta y da a conocer la acción del Espíritu dentro del mundo, a través de nuestras acciones y de los aspectos que todo lo abarcan del Bien, la Verdad, la Belleza y el Amor. Así es como se da a conocer la Ecología del Espíritu.

Soy consciente de que la palabra "medio ambiente" está provocativamente centrada en la Tierra. Está intencionadamente arraigada simbólicamente en nuestra relación con la creación y todos sus procesos, en los que el Cielo (o los Cielos) desempeñan su papel. Desde luego, no estoy diciendo que debamos ignorar el Cielo (o los Cielos) o descuidar la exploración de esos ámbitos en nuestras prácticas espirituales: ¡que nunca sea así! Por supuesto, ascendamos o (intro)scendamos a reinos en los que se intensifique la presencia inmanente del Espíritu. Pero recuerda: nuestras experiencias deben traducirse en formas de administrar la vida para todas las personas y toda la creación. De hecho, los cielos y la Tierra están entrelazados en la Ecología del Espíritu y no son realidades totalmente separadas, sino inherentes a manifestaciones distintas de la creatividad del Espíritu (Génesis 1:1).

Cada uno de los siguientes capítulos de esta guía va acompañado de un breve ejercicio o activación, a los que te animo a volver a menudo e integrar en tus propias prácticas. Recomiendo digerir la lectura lentamente y dedicar tiempo a cada ejercicio y activación, permitiendo que se asienten en la mente y el cuerpo. Este libro no está pensado para leerse en una hora, sino a lo largo del tiempo y con aplicación práctica. En cuanto al contenido, el capítulo uno examina por qué las prácticas de meditación son de vital importancia para la práctica cristiana en el futuro. El capítulo dos considera la calidad del ser que surge de la práctica meditativa, mientras que el capítulo tres ofrece una breve visión general de lo que implica la meditación y explica algunos de los beneficios fisiológicos de su uso. A continuación, el capítulo cuatro explora las formas en que los antiguos israelitas practicaban la meditación, mientras que el capítulo cinco repasa brevemente los procesos históricos de las primeras prácticas meditativas cristianas. En el capítulo seis se analizan las formas en que nuestros cuerpos se convierten en antenas espirituales en la meditación. El capítulo siete ofrece una introducción a la práctica de la mente(plena) y a la oración centrada, y el capítulo ocho aclara cómo funciona el sensorium de la imagen, el lugar donde la mente "ve". Los capítulos nueve y diez profundizan en el proceso apofático de la ascensión mística y en las formas en que podemos centrar nuestra mirada en la Presencia, respectivamente, y el capítulo once presenta una breve visión general de la respiración y su papel en nuestra práctica meditativa. Por último, el capítulo doce incluye mis reflexiones finales y unas palabras de ánimo de despedida.

Así pues, amigos, dejémonos transformar por nuestras búsquedas místicas en Cristo y su alegría siempre creciente, pero no olvidemos que Cristo nos ha llamado a buscar la Ecología del Espíritu. Esto no es para el mero disfrute de experiencias celestiales, sino para devolver al mundo a su versión original o a la visión creativa que responde a los Cielos. Al adentrarnos en el mundo de la meditación cristiana y en los aspectos de las tecnologías espirituales en los próximos capítulos, no olvidemos que la unión con Cristo que surge a través de nuestras prácticas conducirá inevitablemente a transformaciones de nuestras vidas, tanto locales como cósmicas.

«Y lo Divino le dijo al alma:

Te deseaba desde antes que el mundo fuera.

Te deseo ahora tanto como tú me deseas a mí.

Y cuando los deseos de ambos convergen,

allí se perfecciona el amor».

- Matilde de Magdeburgo

1

MIRANDO ADELANTE

Muchos en la iglesia se preguntan: «¿Por qué tantos jóvenes (o personas en general) abandonan la iglesia? ¿Cuándo y cómo volverán? ¿Cómo podemos atraer a los que se están marchando?» Parte del problema para la iglesia hoy en día es que la mayoría de los seres humanos menores de treinta y cinco años, y muchos otros de todos los grupos de edad, ya no están aceptando ciegamente las ideas que restringen la vida en el nivel subconsciente colectivo. A medida que el ser humano es transformado por el Espíritu de gloria en gloria, las teologías[v] del odre viejo y los sistemas basados en el entretenimiento no están calando bien en la psique humana emergente y, como resultado, la mayoría de las instituciones o iglesias que sostienen estas ideas no vuelven a ver a los que antes eran asistentes. Entonces, *¿qué* les interesa a estas nuevas mentes? Entre otras muchas cosas, les interesan las espiritualidades inclusivas, las ideas que desarrollan la compasión por el medio ambiente y las prácticas que posibilitan experiencias personales del Espíritu inmanente.

Las viejas tácticas del miedo que han mantenido a muchos en los bancos de la iglesia están perdiendo fuerza a medida que más personas tienen ahora acceso a las raíces históricas de estas doctrinas y pueden investigar por sí mismos. Si el miedo ya no funciona, ¿qué lo hará? Quizá deberíamos plantearnos una revolución mística arraigada en la compasión, el amor, la inclusividad y las dimensiones participativas de la práctica, que es la esencia de la obra que tienes en tus manos. No podemos limitarnos a permanecer horas y horas frente a la iglesia y enseñar sin cesar. Debemos comprometernos en la participación comunitaria e individualmente dirigida para que podamos entrar en la experiencia palpable de la Ecología del Espíritu. Desde este lugar podemos empezar a invitar a otros a la realidad participativa de ser Crist(o)-iano, es decir, de fluir y participar en el flujo divino de la unidad.

Las ideas de los odres viejos, basadas en valores estáticos y no participativos, han permitido una interpretación superficial del mensaje y de la vida de Jesús y han producido espectáculos eclesiales basados en el entretenimiento, que inevitablemente se vendrán abajo. En lugar de ser entretenidos por los que tienen el micrófono, estamos dando el paso de participar de la realidad espiritual y de su despliegue en cada una de nuestras vidas. Este cambio, entre otras muchas cosas, reintroducirá en los cristianos más abiertos diferentes tipos de prácticas meditativas y contemplativas, así como un perfeccionamiento de la práctica y el funcionamiento de los dones del Espíritu. En cierto modo, esta participación más profunda en los dones del Espíritu nos permite familiarizarnos con las actividades transpersonales y visionales de la mente. Esto nos llevará inevitablemente a preguntar, buscar y llamar. ¡Suena como el proceso que Jesús describe repetidamente! No siempre será agradable, pocos procesos lo son, pero hay algo que emerge rápidamente dentro de nosotros que nos empuja más allá de nuestros cómodos límites y convenciones. Os invito a estar dispuestos a innovar, a estar abiertos al cambio y a aceptar el misterio a medida que nos acercamos juntos a una nueva época en las modalidades participativas y experienciales.

En resumen, este pequeño libro se ha escrito para ayudarte en tu viaje hacia la dimensión participativa de la meditación cristiana y la práctica espiritual. Espero que te ayude a guiarte en la práctica y, tal vez, a comprender algunas de las muchas preguntas que surgen cuando uno empieza a tener experiencias místicas. Al mismo tiempo, también espero que genere más preguntas en el proceso en el que se descubren las respuestas. Esta breve introducción no pretende ser, ni mucho menos, una visión general de la mística cristiana o de la teología mística cristiana, sino más bien una guía para ayudarte a situarte en relación con los fundamentos de la meditación cristiana. Al no centrarnos en la oración suplicante o basada en el deseo como medio principal de meditación, podemos dejar espacio y comenzar la práctica de diversas técnicas que nos permiten fluir en unión con Cristo en nuestro interior. Como bendición, que seas cada vez más transformado en el amor de lo Divino con el propósito de reimaginar continuamente lo humano y su relación con todo en Cristo.

*«Y no os conforméis a este siglo,
sino transformaos por medio de la
renovación de vuestro entendimiento,
para que comprobéis cuál sea la buena
voluntad del Espíritu, agradable y
armoniosa».*

Romanos 12:2

2

NUEVAS INTER-
REALIDADES

El cuerpo natural, según las tradiciones de algunas comunidades místicas judías, se despliega a partir de al menos cuarenta componentes o nodos de plegamiento espacial, que forman una proyección de doce o dieciséis dimensiones que revela el mundo físico en nuestro espacio tridimensional.[vi] Se puede pensar en ellos como cuarenta puntos de luz que se refractan para producir un mundo holográfico pero muy real. A partir de esta experiencia encarnada, la mente da forma y es moldeada por la vestimenta de la realidad tal y como se experimenta dentro de nuestro mundo espacio-temporal. Cada plano o mundo es increíblemente delgado. Sin embargo, la mente como espacio infinito permite que la construcción de cualquier plano dado se desarrolle dentro de sus ciertos patrones de construcción, y dentro de ese mundo la fisicalidad es real. Se siente, se ve, se oye y se experimenta fundamentalmente, como incluso en un sueño, pero sigue siendo una parte de la mente.

La mente es fundamentalmente atraída y se comporta según ciertas leyes y condiciones para "permanecer" dentro de esta esfera espacial planeral. Sin embargo, a través de la meditación, el sueño y los estados alterados en general, esas leyes pueden doblarse o romperse, lo que permite experimentar realidades o mundos alternativos o condiciones de ser. Esto no quiere decir que uno deba ignorar este mundo o buscar su escape para dejar atrás a todas las criaturas. Más bien hay que buscar un reacondicionamiento armonioso de la propia naturaleza para transformar, sanar y aportar ideas a las criaturas dentro de su mundo. Los libros de Filipenses y Hebreos afirman que Jesús se despojó de su naturaleza divina para asumir la humana; en otras palabras, Jesús asumió la condición consciente de habitar y experimentar este mundo en su forma actual.[vii] Y cuando caminó entre nosotros, no nos abandonó de inmediato, sino que nos presentó acciones de comportamiento prescriptivas y demostrativas que transformarían nuestro mundo. Su huella en este mundo quedó plenamente arraigada incluso después de su resurrección. Es esta misma noción la que debemos recordar cuando buscamos y entramos en experiencias místicas. No son sólo para nuestro disfrute, sino para la mejora de todo el cosmos. Cada insecto, roca, abeja, flor, planta, animal y vecino se beneficia de nuestra transformación y despertar.

Entonces surge la pregunta... ¿Cómo se empieza? ¿Por dónde se comienza? La respuesta es sencilla: «Buscad primero la Ecología del Espíritu y todas estas cosas se os darán por añadidura». ¿Dónde hay que buscar este dominio ecológico? De nuevo, la respuesta es sencilla: «La Ecología de lo Divino está dentro de ti». El viaje se realiza primero en la esfera del corazón, como destaca el subtítulo de esta obra. Hay que buscar y descubrir lo que uno es y renunciar a todo lo que bloquea el camino hacia la propia libertad en la Ecología del Espíritu. La rúbrica para el propio descubrimiento o los prerrequisitos para comenzar este trabajo ecológico no pueden encontrarse en una lista de doctrinas u oraciones mágicas, sino que se manifiestan a través de una cualidad del ser, que es bastante simple:

Si hablo con lenguas humanas y angélicas, pero no tengo amor, me he convertido en un gong ruidoso o en un címbalo que retiñe. Si tengo el don de profecía, y conozco todos los misterios y toda la ciencia; y si tengo toda la fe, hasta el punto de remover montañas, pero no tengo amor, nada soy. Y si doy todos mis bienes para dar de comer a los pobres, y si entrego mi cuerpo para ser quemado, pero no tengo amor, de nada me sirve. (1 Corintios 13:1-3)

Pero el fruto del Espíritu es amor, gozo, paz, paciencia, benignidad, bondad, fidelidad, mansedumbre y dominio propio. (Gálatas 5:22)

Estas cualidades no deben ser creadas o proyectadas a la fuerza dentro de uno mismo, ni debemos etiquetar a aquellos que tienen patrones de comportamiento destructivo como "en el exterior". Por el contrario, uno debe ser fundamentalmente paciente, amable y gentil consigo mismo y con los demás en este viaje. Nadie "lo entiende" a la primera. Esta es nuestra vida de viaje, procesamiento y transformación con el Espíritu. Con esto en mente, el legalismo y el conductismo pueden ser completamente disueltos en las vidas de aquellos que buscan la Ecología del Espíritu. Puesto que estamos presentes en todos, debemos tratar de liberar a los demás del sufrimiento mediante cualquier tipo de armonía, compasión, amor y generosidad en la medida de nuestras posibilidades. La carta a los Gálatas describe esto como «llevar los unos las cargas de los otros» (Gal 6:2). Esto no significa que todos tengamos que convertirnos en trabajadores sociales o vivir en un monasterio, sino que todos deberíamos aspirar a mejorar la situación del mundo mediante los más pequeños actos de amor, según el grado y el don de que seamos capaces. Con el tiempo, esta perspectiva practicada y transformadora posiciona el corazón para buscar un flujo perpetuo de dar, para los demás, servir, enseñar, curar y dedicar tiempo. Esta explosión de energía desinteresada puede surgir de infinitas maneras. De hecho, puede verse en la lactancia de una madre, en la enseñanza de un padre o en el compartir con el prójimo. Debemos tener cuidado de no hacer caracterizaciones estáticas de lo que consideramos espiritual o "santo", sino buscar lo que es beneficioso y vivificante. Desde ese lugar, las actividades de la Ecología del Espíritu son infinitas.

Por último, no solo son infinitas las actividades, sino también los personajes o las expresiones personales. Hay que buscar, fomentar y celebrar la diversidad de caracterizaciones potenciales. Algunos individuos serán apacibles, mientras que otros estarán llenos de energía, celo y entusiasmo. Los habrá extrovertidos, introvertidos y de todo tipo. Todas las diferencias que vemos en el mundo entre la población humana en los parámetros de amor y armonía no son más que reflejos personales de las posibles expresiones y manifestaciones de la Divinidad.

A medida que los aspectos o cualidades del alma[viii] comienzan a emerger a través de la actividad del Espíritu que fluye, transforma y reacondiciona el propio ser, la persona entra en un *ec-stasis* perpetuo, es decir, se desplaza constantemente fuera de sí misma. Este proceso de infusión novedosa reimagina el potencial humano tanto en sentido individual como colectivo. Esta base amorosa es esencial para las prácticas y técnicas que se tratan en las páginas siguientes.

«Permaneced en Mí, y YO ESTOY en vosotros. Como el sarmiento no puede dar fruto por sí mismo si no permanece en la vid, así tampoco vosotros si no permanecéis en Mí.

YO SOY la vid, vosotros los sarmientos; el que permanece en el YO SOY y Yo en él, ese da mucho fruto, porque separados del YO SOY no podéis hacer nada».

Juan 15:4-5

3

FUNDAMENTOS DE LA MEDITACIÓN

Cuando piensas en la meditación, ¿qué es lo primero que te viene a la mente? ¿Te imaginas a un hombre sentado cantando? ¿Tu mente estaba en blanco? ¿Pensaste en monjas cantando himnos? La meditación es un término que abarca una amplia gama de prácticas y mentalidades para vivir. La verdad es que cualquier cosa que se haga intencionadamente con concentración y energía consciente es un tipo de meditación. La meditación no es un proceso en el que nos dormimos, sino en el que nos despertamos o sintonizamos con nosotros mismos en Cristo. Por lo tanto, incluso caminar, comer, respirar, estirarse, trabajar o cualquier cosa que se haga con un espíritu de vigilia y atención plena es un tipo de meditación. Hay quienes suponen que el objetivo de la meditación es "vaciar" la mente. Aunque hay momentos en los que se debe despejar la mente, nunca se la "vacía" realmente. Sin embargo, es importante señalar que cuando la mente se despeja, uno puede llenarla con la Presencia. De nuevo, el objetivo no es vaciar, sino centrarse intencionadamente o llevar el ser a un lugar de paz. Y, como veremos a lo largo de este libro, la meditación es mucho más matizada y compleja que la simple idea de que se trata de "vaciar" la mente.

Entonces, ¿cuál es el propósito de la meditación? La meditación lleva al ser a un modo en el que se vuelve sensible a la actividad de la presencia Divina. Aunque al principio uno no sea "sensible" a esa presencia, la actividad de la meditación en sí transforma y reajusta lentamente las facultades sensoriales para poder sentir y percibir la presencia Divina. Cuando esta presencia Divina se siente dentro, uno debe continuamente enfocar o mantener su atención en esa presencia por el mayor tiempo que sea capaz de hacerlo. Dentro de esta práctica de enfocar nuestro ser en la Presencia, uno comienza a entrar en un aspecto permanente de comunión. En esta dimensión alternativa de comulgar, el pan y el vino se convierten en la *energía* misma de la presencia Divina que se actualiza a través de la conciencia enfocada. La *energía* del Espíritu Santo mueve y cambia los diversos aspectos de la mente, el corazón y los cuerpos sutiles para llevarlos a un lugar de armonía y plenitud.

Desde el punto de vista práctico, la meditación también tiene muchos beneficios bien documentados. Desde la década de 1970, se han realizado varios estudios que exploran los impactos somáticos y psicológicos de varios tipos de meditación.[ix] Lo que se ha descubierto a lo largo de los años es que hay una serie de beneficios para la salud que se producen, estimulan y mantienen mediante la práctica de la meditación sentada. Estos beneficios incluyen impactos positivos sobre la presión sanguínea, el cáncer,[x] la hipertensión[xi] y el alivio del dolor crónico.[xi] Además, ayuda a fortalecer el sistema inmunológico para defenderse de los resfriados y de la gripe.[xiii]

Además de los beneficios somáticos, también hay muchos beneficios psicológicos positivos, como la mejora de la concentración y la atención, la mejora de la memoria y la inteligencia, la mejora del sueño y la disminución de la ansiedad, el estrés y la depresión.[xiv] Todos estos estudios han demostrado que las personas que meditan con asiduidad son más felices, están más contentas[xv] y, como resultado, tienen vidas más largas y saludables.[xvi] Lo que se puede concluir de esta investigación es que el viaje y la integración de la meditación en la vida de los humanos de todo el mundo no ha hecho más que empezar.[xvii] Hay, por supuesto, otras culturas y regiones del mundo donde la práctica de la meditación ya está arraigada e integrada en la comunidad en general y lo ha estado durante siglos, o incluso milenios. Sin embargo, en muchas zonas del planeta, como el Occidente anglosajón moderno, diversas prácticas meditativas se están empezando a conocer y a estudiar de nuevo por sus beneficios para la salud, tanto física como psicológica. Como resultado, se están integrando cada vez más en la vida cotidiana de quienes buscan sus capacidades transformadoras.

A medida que avances en este libro, verás varios ejercicios al final de cada capítulo. Te recomiendo encarecidamente que te tomes tu tiempo para participar en cada práctica, ya que son la savia vital de este libro. Siempre que veas que uno de los ejercicios requiere sentarse y relajarse, te recomiendo los siguientes consejos:

Encuentra un lugar físico al que vuelvas cada vez que medites para crear una especie de espacio sagrado en tu hogar. Esto te ayudará a volver al flujo de tu práctica cada vez que te sientes. Además, si te sientes estresado, sabrás que puedes volver a ese lugar en cualquier momento para que tanto el alma como el cuerpo se relajen, como en el "lugar secreto" que Jesús describe en Mateo 6:6.

- Si estás sentado, siéntate con la espalda recta. Lo mejor es utilizar una silla que te permita sentarte recto pero que sea cómoda. Lo ideal es apoyar los pies en el suelo mientras se está sentado. Al sentarse recto, se abren los meridianos eléctricos y los vasos sanguíneos del cuerpo, que ayudan a relajarse, curarse, restaurarse y rejuvenecer. Si optas por tumbarte, asegúrate de que la espalda está recta al tumbarte boca arriba.

- Asegúrate de no cruzar las piernas ni los brazos. Si tienes frío, ponte cómodo, ponte una sudadera o coloca una manta sobre las piernas. Es importante no cruzarse para mantener esta postura de apertura para tu sistema.

- Si prefieres sentarte en el suelo, asegúrate de que tu espalda está recta y de que, de nuevo, te encuentras en una posición cómoda. A los principiantes les recomiendo que se pongan una almohada o una alfombra acolchada para sentarse mejor. Esto ayudará a no centrarse en la incomodidad que se siente y, en cambio, permitirá dejarse llevar por la práctica.

- De nuevo, ¡ponte cómodo! Si necesitas moverte un poco mientras estás sentado, un ligero ajuste aquí o allá, ¡no pasa nada! Escucha a tu cuerpo.

- Es más que razonable poner música relajante de fondo si es algo que te ayuda a concentrarte y calmarte. No es necesario, pero si es algo que te ayuda a calmarte, ¡hazlo!

- Si el ejercicio requiere prestar atención a la respiración o tiene algún tipo de trabajo respiratorio, recomiendo inspirar por la nariz y espirar por la boca o la nariz. Cuando inspires, intenta hacerlo primero desde el vientre y luego hacia arriba por el pecho para levantar todo el diafragma. De este modo, no inhalas sólo desde los pulmones, sino que utilizas todo el diafragma para respirar, lo que ayuda a energizar los órganos que se encuentran en el vientre y en la parte inferior del diafragma.

Hasta ahora, hemos visto que la meditación tiene muchos beneficios para el cuerpo y la salud mental, así como consejos prácticos para una meditación eficaz. Además, existen, por supuesto, aspectos dinámicos y espirituales que ayudan a entrenarse para eludir el "ego" y liberar al Espíritu y su trabajo en nuestras vidas. Estas realidades espirituales pueden expresarse en las siguientes preguntas, sobre las que te animo a reflexionar:

¿Quién soy yo?

¿Quién es la Divinidad?

¿Cómo puedo transformar mi corazón? ¿Cómo me vuelvo más libre de mí mismo?

¿Cómo puedo sintonizar y vibrar con la Ecología del Cielo? ¿Cómo puedo llegar a conocer verdaderamente la Vida de Cristo dentro de mí?

¿Cómo se siente Cristo en mí?

¿Qué se siente cuando el Espíritu fluye en mí, a mi alrededor y a través de mí? ¿Cómo puedo liberar la imagen de Cristo en mi vida cotidiana?

Ejercicio de apertura: 10 minutos

Siéntate en silencio un momento y hazte una de las preguntas anteriores o una pregunta propia. Recomiendo empezar por las dos primeras. ¿Quién soy yo? ¿Quién es la Divinidad? ¿Cuál es mi propósito en la práctica meditativa?

Observa tus respuestas. Sé amable y compasivo contigo mismo. No hay respuestas correctas o incorrectas. Tus respuestas están revelando las profundidades de tu ser y las estructuras que se crean en tu interior. Al concluir, por muchos momentos que pasen, dite a ti mismo y al Espíritu Santo «gracias». Vuelve a este ejercicio cada pocos meses, ya que no pretende ser un ejercicio de una sola vez, sino más bien convertirse en una especie de ritual,[xviii] disciplina o práctica que uno puede realizar cada pocos meses.

*«...pero YHVH no
estaba en el fuego.*

*Y tras el fuego vino
un susurro sosegado
[aliento, respiración]».*
1 Reyes 19:11-12

*«¡Oye, Israel! ¡YHVH nuestro Elohim,
YHVH es uno!
Amarás a YHVH tu Elohim con
todo tu corazón, con toda tu alma
y con todas tus fuerzas».*
Deuteronomio 6:4-5

4

EL HEBREO Y EL CONTEXTO BÍBLICO PARA LA MEDITACIÓN

Antes de considerar las bases lingüísticas y bíblicas de la meditación, debemos señalar que la mayoría de las ideas bíblicas de práctica espiritual caen bajo el epígrafe de "oración". Estas pueden expresarse de muchas maneras, desde los que invocan los Nombres Divinos a lo largo del Salterio hasta los que meten la cabeza entre las rodillas para inducir cierto estado como Elías en el Carmelo (1 Reyes 18:42). Debido a nuestros ideales religiosos y a la forma en que fuimos enseñados y formados dentro de nuestras prácticas cristianas, a muchos de nosotros nunca se nos mostraron las diversas dimensiones o prácticas espirituales que formaban parte de la antigua tradición israelita (y más tarde judía) de la que surgió el cristianismo. Recuerda, Jesús y sus primeros seguidores eran judíos y siguieron siéndolo. Al prestar atención a las lenguas de la Biblia -hebreo y griego- y a sus herencias culturales, ampliamos nuestro abanico de experiencias con el Espíritu y tomamos conciencia de las tradiciones, prácticas y técnicas a las que estamos vinculados. Muchas de las descripciones de tales prácticas se perdieron en el proceso de textualización de las Escrituras y, como resultado, la mayoría de las prácticas espirituales conservadas dentro del protestantismo[xix] se convirtieron en una forma de súplica.

Mucha gente habla del misticismo o la espiritualidad judíos en el contexto de la meditación, y es esencial recordar que estamos tratando con una larga historia de ideas, prácticas, metodologías y técnicas tanto conocidas como perdidas a lo largo de un periodo de tres mil años aproximadamente. Dentro de este vasto lapso cronológico, tenemos al menos cinco épocas o períodos principales que contribuyen a las prácticas que se han preservado dentro del contexto religioso judío actual, especialmente en lo que respecta a los impactos de las prácticas meditativas y espirituales. La primera era es la de los antiguos israelitas, que existió antes e incluye el período del Primer Templo, o templo de Salomón (aproximadamente 2000 a.C. - 586 a.C.). La segunda edad comienza con la construcción del Segundo Templo, sus renovaciones bajo Herodes y concluye con su destrucción, de ahí el llamado periodo del Segundo Templo (aproximadamente 516 a.C.-70 d.C.). La tercera edad es la de las épocas rabínica temprana y media (100 a.C.-800 d.C.); la cuarta es el periodo medieval (800 a.C.-1500 d.C.) que surgió en Europa occidental y el norte de África; y la quinta edad destaca uno de los puntos álgidos del misticismo judío en el norte de Palestina en los siglos XVI y XVII, así como el movimiento jasídico del noreste de Europa del siglo XVIII. Cada época lleva en sí misma una tradición o vertiente mística que incorpora una variedad de técnicas y metodologías para acceder a los reinos divinos y a los estados alterados.

Podemos retroceder en el tiempo y afirmar que los israelitas utilizaban diversas técnicas de meditación alrededor de los siglos VII y VIII a. C. En primer lugar, basándose en los textos bíblicos y en el corolario histórico, parece que en esta época había escuelas proféticas que enseñaban a los profetas en formación a entrar en estados de trance para evocar la "palabra del Señor". En segundo lugar, ya en el período del Segundo Templo, las aventuras visionarias de Isaías, Ezequiel y Daniel muestran que los estados de trance no sólo se utilizaban para evocar una palabra divina, sino también para atravesar mundos, dimensiones y reinos. Lo que evidentemente se desprende de los textos es que los israelitas y la comunidad judaica se ocupaban de las palabras divinas relativas a la nación en su conjunto y al "nosotros" colectivo. La mayoría de las expresiones proféticas y los viajes visionarios conservados en el contexto judaico se referían al pueblo en su conjunto. No se conservan guías ni textos que describan claramente la ascensión mística. En su lugar, tenemos las declaraciones proféticas de lo que aparentemente surgió de estos estados de trance. Es difícil decir qué practicaban exactamente los antiguos israelitas porque la mayor parte de esa información se perdió, pero ciertamente se especula con que algunas de las técnicas o prácticas se transmitieron verbalmente en secreto de maestro a alumno a lo largo de muchos siglos. Esto, al menos en el momento actual, no es demostrable por ninguna prueba directa y todavía está en proceso de descubrimiento e iluminación continuos por parte de arqueólogos e historiadores por igual.

La siguiente sección utiliza una especie de arqueología filológica a través de la cual podemos empezar a construir una imagen de algunas técnicas o prácticas que se incorporaron a las escrituras que tenemos hoy. En la Biblia hebrea, hay tres palabras que a menudo se traducen como "meditar": Hagah (הגה), Siyach (שיח) e Hitbonen (התבונן).

Para empezar, Hagah también puede traducirse como "contemplar", o entenderse como alguien que centra su mente mediante el habla o el ruido.

Por ejemplo, «Que las palabras de mi boca y la meditación (hagayon) de mi corazón te sean gratas, oh Dios» (Salmo 19:15). También puede verse como una especie de arrullo, tarareo o rumiación de ruidos o habla que uno hace mientras canta los nombres Divinos, como se ve en lo siguiente: «En Tu Nombre alzo mis manos... y medito (hagah) en Ti en las vigilias de la noche» (Salmo 63:5,6), «arrullaré (hagah) como una paloma» (Isaías 38:14), y, «como un león y su cachorro gruñen (hagah) sobre su presa» (Isaías 31:4). Lo que vemos en Hagah y su uso en los Salmos es una especie de mantra-meditación que anima al lector a centrar sus pensamientos en la Divinidad, en sus atributos y nombres a través del habla o el sonido para cambiar su conciencia y así fomentar una concentración continua en el Espíritu.

Además, esta palabra contiene la idea de purificación o limpieza: «Quita (hagah) la escoria de la plata... quita al impío de delante del rey» (Proverbios 25:4,5). Esta purificación o limpieza puede asemejarse a la idea de que uno está llevando su mente a un lugar de tranquilidad y descanso para que el Espíritu pueda surgir en su interior. En el proceso de meditar sobre un atributo o nombre divino, uno comienza a limpiar la escoria de su mente-corazón, lo que asigna su conciencia al Espíritu. Y finalmente, vale la pena notar que esta raíz de Hagah también está relacionada con una palabra similar que significa "timón". De esta relación lingüística se puede deducir que a través de la meditación tipo Hagah, o la práctica de rumiar y enfocarse en los aspectos de lo Divino, uno puede dirigir el corazón de manera que ya no vague sin rumbo por el vasto mar de la mente inconsciente, sino que llegue a una quietud acuosa que refleje la luz Divina.

El segundo ejemplo de una palabra que a menudo se traduce como "meditar" es Siyach. La meditación similar a Siyach es el acto o proceso de estar atento, o de ser plenamente consciente de las actividades del Espíritu Divino. Estas actividades pueden ser la manifestación eventual de las obras y creaciones de la Divinidad o dentro de la atracción de la voluntad Divina.

Practicar Siyaj es sintonizar el corazón con la actividad del Espíritu cuando éste le informa de su obra. Por ejemplo, el Salmo 77:13 dice: «Medito (hagah) en todas Tus obras, y en Tus planes medito (siyach)».

Y el Salmo 119:27 dice: «Déjame entender el camino de Tus misterios, meditaré (siyach) en Tus maravillas». Como se ha dicho, la meditación siyach tiene por objeto que uno sienta la suave persuasión, la atracción y el movimiento de la Divinidad que contiene la Voluntad o la visión ideal del Espíritu. Rumiar estos aspectos es rumiar dentro del dominio del horizonte de sucesos en el que el Espíritu fluye continuamente a través de los procesos abiertos y creativos de todos los Mundos. Una manera sencilla de practicarlo es preguntar al Espíritu: ¿cómo es una visión armoniosa de mi vida? Después de recibir algún tipo de impresión, imagen o sentimiento al respecto, rumia la imagen y/o el sentimiento. Siéntelo, deja que se asiente. Concentra tu mente en la realidad visual que el Espíritu te ha traído, al menos durante 15 minutos. No dejes que pase a través de tu sistema sin más; deja que se convierta en un aspecto sobre el que reflexiones durante muchas horas.

El tercer ejemplo es Hitbonen, que a menudo se traduce como "mirar", "comprender" o incluso "contemplar". Los siguientes ejemplos bíblicos muestran el abanico de posibilidades de esta palabra:

«He hecho un pacto con mis ojos;

¿Cómo, pues, podría *contemplar* a una virgen?» (Job 31:1)

«Incluso te *presté mucha atención;*

En efecto, no hubo quien refutara a Job...». (Job 32:12)

«Escucha esto, oh Job; *detente y considera* las maravillosas obras de Dios». (Job 37:14)

«Presten atención a estas cosas los sabios

y *consideren* la misericordia del Señor». (Salmo 107:43)

«Los malvados me acechan para destruirme, pero yo *considero* tus decretos.

He visto un límite a toda perfección, pero tu mandamiento es sumamente amplio». (Salmo 119:95-96)

Cada uno de estos pasajes alude a la práctica de dirigir la mente hasta tal punto que la comprensión comience a surgir a través de la concentración de la mente en un aspecto de lo Divino. Esta es la razón por la que Hitbonen se traduce como "contemplar" en muchas traducciones, ya que la acción de Hitbonen es activa y desarrolla el proceso de enfocar activamente la mente en la naturaleza y las acciones de lo Divino. Así, en una dimensión de su práctica, puede consistir en contemplar un árbol y fijarse en la estética de su belleza y en cómo refleja realidades ocultas del Espíritu. O incluso podría ser rumiar sobre el viaje procesual de transformación que uno ha tenido en su vida con el Espíritu. Como veremos en la siguiente sección sobre la contemplación, el Hitbonen también es catafático, es decir, una práctica de afirmación y a menudo basada en imágenes, en la que uno se ancla en una imagen para introducirse en esa experiencia. Una forma de practicar este método consiste en imaginar y reimaginar una historia bíblica en la mente una y otra vez, hasta que empiece a surgir una respuesta sentida o basada en imágenes.[xx]

Similares a la meditación Hitbonen, pero dentro de la tradición cristiana, son las numerosas iglesias ortodoxas que utilizan imágenes o la creación de iconos para meditar y despertar el alma al Espíritu. Para los de la tradición protestante, trabajar sin imágenes o centrarse en una realidad apofática para el culto ha sido su modo de culto heredado desde el inicio del protestantismo en el siglo XVI. Si alguna vez has estado en una iglesia ortodoxa, una de las primeras cosas que puedes observar son los diversos iconos o imágenes en las paredes. Para los que vienen de un entorno protestante, puede ser bastante sorprendente o incluso como una forma de "adoración de ídolos". Pero para nuestros hermanos y hermanas de la tradición ortodoxa, estos iconos son vistos como portales sagrados para que el Espíritu Divino, o incluso la vida de ese santo o escena bíblica en particular, brille en la atmósfera de su habitación o iglesia. Estas tradiciones catafáticas sostienen que tales imágenes transmutan las energías celestiales a la creación.

Un ejemplo de cómo se vive esto dentro de tales comunidades es que uno puede tomar un icono de Jesucristo y concentrar su mente en él, es decir, mirar, sentir y observar todas las sensaciones que surgen al observar el icono. Debido a la intensidad de la atención que se presta a la imagen, muchas comunidades ortodoxas recomiendan que el icono sea bendecido por un sacerdote antes de dedicarse a la imagen, de ahí que los artistas de estas tradiciones tengan unas directrices estrictas y ciertos protocolos espirituales que seguir. Una vez más, no se rinde culto a estas imágenes, sino que se utilizan como ventanas a la energía divina que hay detrás de ellas. En breve hablaremos de otras formas cristianas de práctica meditativa.

Lo que hemos considerado hasta ahora en la tradición bíblica son acciones y prácticas que llevan al meditador a tomar conciencia de dónde está la mente, en qué se está centrando y hacia dónde puede dirigirse, así como de las posibles realizaciones que se derivarán de ello. Por lo general, estas actividades se practican mejor sentado o en una posición en la que uno pueda centrar su mente en la vida del Espíritu, pero ésta no es la única manera de meditar.

También hay otros tipos activos de meditación que se dan en la tradición israelita y judía. Según Aryeh Kaplan, místico y autor judío, «la Biblia afirma explícitamente que los profetas utilizaban cantos y música para alcanzar estados superiores de conciencia».[xxi] Especula que los Salmos y otras prácticas musicales del antiguo Israel no se tocaban por simple entretenimiento, sino que se utilizaban para inducir ciertos estados en el oyente o practicante. Kaplan afirma: «Es significativo observar que otra palabra para canción, Shir (שיר) está muy estrechamente relacionada con la palabra Shur (שור), que significa 'ver'».[xxii] Sugiere que las palabras para canción y visión están estrechamente relacionadas y, por tanto, interconectadas en su función hacia las verdaderas visiones místicas. Esto se puede comprobar en la historia de Saúl profetizando entre los profetas justo después de ser ungido como rey en 1 Samuel 10:5-11:

«Después llegarás a Gibeath-elohim, en el lugar donde está la guarnición filistea; allí, al llegar a la ciudad, te encontrarás con una banda de profetas bajando del santuario con arpa, pandereta, flauta y lira tocando delante de ellos; estarán en un frenesí profético. Entonces el espíritu de YHVH te poseerá, y estarás en un frenesí profético junto con ellos y serás convertido en una persona diferente. Cuando te encuentres con estas señales, haz lo que creas conveniente, pues Dios está contigo. Y descenderás a Gilgal delante de mí; entonces yo descenderé a ti para presentar holocaustos y ofrecer sacrificios de bienestar. Siete días esperarás, hasta que yo vaya a ti y te muestre lo que debes hacer». Al volverse para dejar a Samuel, Dios le dio otro corazón; y todas estas señales se cumplieron aquel día. Cuando iban de allí a Gabaa, le salió al encuentro una banda de profetas; y el espíritu de Dios se apoderó de él, y cayó en un frenesí profético junto con ellos. Cuando todos los que le conocían de antes vieron cómo profetizaba con los profetas, la gente se decía unos a otros: «¿Qué le ha pasado al hijo de Cis? ¿Está Saúl también entre los profetas?»

Por lo tanto, la adoración, la alabanza, el canto y la danza ofrecen la posibilidad de cambiar la mente para que sea más consciente del Espíritu Divino y de su flujo interior. El practicante, sin embargo, debe ser consciente de dónde está su mente y en qué se está centrando durante estos actos. Si estás pensando en el almuerzo mientras diriges el culto, es poco probable que estés entrando en el flujo Divino, que se promulga a través del proceso de ceder la mente al Espíritu. El ingrediente secreto se encuentra de nuevo en el Salmo 46:10 cuando dice: «Estad quietos y conoced que yo soy Dios».

Como se menciona a lo largo de esta guía, se necesita bastante práctica para calmar la mente y concentrarse únicamente en la tarea que uno realiza. En verdad, no te desanimes si descubres que tu mente sigue llena de pensamientos y dispersa, incluso después de seis meses de práctica. A través de la constancia y la paciencia, empezarás a llevar tu mente a un lugar de tranquilidad sin tratar necesariamente de detener tus pensamientos por completo.

Como hemos visto, había muchos tipos posibles de prácticas de meditación entre los antiguos israelitas. Cada una con diferentes tipos de enfoque y procesos intencionales. Lo que es importante recordar es que había diferentes tipos de meditación entre los antiguos israelitas que más tarde encontraron sus expresiones únicas en el judaísmo. Si estás buscando un lugar sencillo para comenzar, mira la práctica que se presenta a continuación, que trabaja dentro de un aspecto práctico particular de la meditación Hagah.

Ejercicio de meditación Hagah: 10 minutos

Busca un nombre de la Divinidad que te hable o por el que te sientas atraído en ese momento. Por ejemplo, quizás El Roi, que se traduce como "el Dios que me ve". Puedes hacerlo mientras estás sentado en silencio o mientras cocinas, comes, caminas o friegas los platos. Toma el nombre y repítelo una y otra vez en tu mente. Pero cada vez que lo digas, siente tu alma y tu cuerpo, notando cómo responden tus sistemas al nombre.

Esta es la clave: deja que tu corazón se abra en gratitud y amor hacia el nombre. Siéntelo. Deja que penetre en cada parte de ti. Puedes hacerlo todo el tiempo que quieras.

«Pero todos nosotros, con el rostro descubierto, contemplando como en un espejo la gloria del Señor, estamos siendo transformados en la misma imagen de gloria en gloria, como por el Espíritu vivificante».

2 Corintios 3:18

«"Maestro, ¿cuál es el mayor mandamiento de la Ley?"

Y Él le dijo, "Amarás a YHVH tu Elohim con todo tu corazón, con toda tu alma, y con toda tu mente".

Este es el mayor de todos los mandamientos.

El segundo es, "Amarás a tu prójimo como a ti mismo"».

Mateo 22:36-39

5

EL CONTEXTO DEL CRISTIANISMO PRIMITIVO PARA LA MEDITACIÓN

El cristiano primitivo medio estaba muy influido por la cultura helenística, incluidos los estoicos, los epicúreos y los platónicos, cada uno de los cuales tenía prácticas ideales de contemplación o *theoria*. Esta *theoria* no era simplemente una actividad visional, sino una actividad en la que toda la forma en que uno vivía, se comportaba y se relacionaba con el mundo y la naturaleza se convertía en una piedra angular para vivir la propia práctica contemplativa.

Para ser real,[xxiii] tenía que ponerse en práctica. El aspecto de la contemplación conocido como *theoria* se menciona una vez en los Evangelios, en Lucas 23:48, donde la crucifixión se describe como un espectáculo (theoria). El uso que el Evangelio hace de esta palabra en esta escena concreta insinúa la idea de que la crucifixión de Jesucristo debe ser un objeto de contemplación de lo divino que tenga la capacidad de transformar fundamentalmente el modo de vivir. Esta escena ha de ser un momento crucial para que quienes la contemplan asuman la vida de Cristo en su interior.

A principios del siglo I de nuestra era, el filósofo judío Filón de Alejandría, que influiría en el Evangelio de Juan con su uso del Logos, describe todas estas actividades contemplativas en su comunidad judía helenística:

«...la investigación minuciosa *(skepsis)*, la lectura *(anagnórisis)*, la escucha *(akroasis)*, la atención *(prosoche)*, el autodominio *(enkrateia)*, la meditación *(metletai)*, la práctica de la indiferencia ante las cosas indiferentes, las terapias para las pasiones, el recuerdo de las cosas buenas, el cumplimiento de los deberes...».[xxiv]

Todas estas actividades eran un medio para un tipo de autorrealización en el que el individuo se esforzaba por liberarse de su ego para lograr un tipo de unión con el Bien, el Uno, Dios, el cosmos o el Ser mismo.[xxv] Estas actividades, tal y como las recoge Filón, nunca se perdieron, sino que se incorporaron a las prácticas de los primeros padres y madres de la Iglesia. Fueron más notable e intensamente implementadas en las prácticas ascéticas de los Padres y Madres del Desierto del siglo IV en Siria, Egipto, Turquía y otros lugares. Además de la lista de Filón, estos practicantes cristianos incorporaron a su contemplación un enfoque centrado en la vida de Jesucristo. Dentro de su mirada contemplativa, estos monásticos se hacían eco de las palabras de Pablo en 2 Corintios 3:18:

«Y nosotros, con los rostros descubiertos reflejando como espejos el resplandor de la Divinidad, todos nos volvemos más luminosos a medida que nos convertimos en esa imagen *(eikon)* que reflejamos».

La palabra "reflejando" utilizada en este versículo se tradujo en la Vulgata latina como "mirar" o "contemplar". Es tomar nuestro enfoque y desplazarlo, observando la vida de Cristo y su proceso de transformación de nuestro propio ser.

Cuando empezamos a ajustar nuestra conciencia, nuestra sensibilidad al flujo del Espíritu comienza a aumentar y nuestras formas de "conocer" empiezan a cambiar. Una vez más, se puede entender el razonamiento de la contemplación de iconos a través de este versículo como una forma de contemplación tal y como la practican los cristianos ortodoxos.

La contemplación cristiana no es una mera práctica de abstracción, sino que hace hincapié en el flujo de la comunión personal. Como ya se ha dicho, el libro de los Salmos afirma: «Estad quietos y *conoced* que yo soy Dios». Este Yadah (**יָדַע**), o proceso de conocer, es uno en el que se le recuerda al lector el acercamiento en íntima unión. Esta palabra se utiliza en el Génesis para describir la unión entre Adán y Eva, tras la cual engendraron un hijo. Por supuesto, no intento sugerir que la unión sexual con Dios sea la meta, sino más bien dirigir el alma hacia la unión divina o afluencia del Espíritu que está presente en su interior. La práctica de la meditación y la contemplación ayuda a la mente y al alma a entrar en reposo, lo que permite sentir y reconocer las realidades de la unión.

También debemos preguntarnos dónde está nuestro centro de atención. ¿Está en el viejo ser humano, la vieja naturaleza pecaminosa que fue crucificada con Cristo? ¿O no estamos ahora presentes en el Espíritu de Cristo que habita en nosotros? Con el Espíritu como objeto de nuestra mirada, participamos en el proceso de purificación de todo nuestro ser. 1 Juan 3:3 afirma que «todo el que tiene esta esperanza en él, se *purifica* a sí mismo, así como él es puro». Todas estas actividades participan en el proceso de *metanoia*, el ingrediente secreto de la transformación encarnada según Romanos: «Transformaos mediante la renovación *(metanoia)* de vuestra mente» (Rom 12:2). Arrepentirse no es simplemente pedir perdón, sino el proceso de cambiar toda nuestra actividad mental y nuestra posición. Esto no puede hacerse sin concentración, disciplina, práctica y gracia. La práctica de la meditación y la atención plena, re-entrena *(metanoia)* la mente para reestructurar o inculcar dentro de ella la "mente de Cristo".

En Lucas 10, Yeshua explica que uno debe «Amar a YHVH tu Elohim con todo tu corazón y con toda tu alma y con todas tus fuerzas y con toda tu mente; y amar a tu prójimo como a ti mismo». Considera esta pregunta: si tu mente está constantemente distraída y no puedes quedarte quieto más de 10 segundos, ¿cómo puedes siquiera empezar a entrar en esta forma de vida de meditación con una sola mente tal como nos prescribió nuestro Maestro? No es fácil entrar en esta realidad devocional prescrita por Jesús y ese es precisamente el punto - ¡Él quiere que lo intentes! Y al intentarlo, empiezas a observarte a ti mismo y a darte cuenta de que tu mente está constantemente corriendo, nunca en paz ni tranquila. Sólo cuando te das cuenta de ello puedes abrirte a transformarte en un recipiente de paz. A partir de ese momento de reconocimiento y posterior entrega, empiezas a buscar la Ecología del Espíritu que, con el tiempo, empezará a manifestar su presencia. Hay muchos frutos de esta Ecología que deseamos, ya sea poder, profecía, sanación, palabras de conocimiento y otros milagros. Pero debemos recordar que el llamado es a buscar primero la Ecología del Espíritu, entonces todas estas cosas nos serán añadidas. Porque cuando la Ecología comienza a surgir dentro de nosotros, estas manifestaciones se convierten en un producto del flujo Divino que habita nuestra vida.

Como ya se ha comentado anteriormente en relación con las prácticas de las comunidades judías de las que formaba parte Filón, te animo a que permitas que todas las cosas de tu vida se conviertan en una especie de meditación. La atención, el aprendizaje, la investigación, las relaciones y la lectura han sido partes activas de mis prácticas meditativas que han contribuido a mis transformaciones. Lo creas o no, nunca fui un buen estudiante. De hecho, apenas leía y probablemente sólo leí unos cinco libros en toda mi adolescencia. Sencillamente, no tenía la atención ni la disciplina necesarias para sentarme a leer. No fue hasta hace unos diez años que empecé a trabajar en mí mismo espiritualmente y fui capaz de abrir esta parte de mí. Ahora puedo sentarme y leer unos cientos de páginas al día, pero esto no sucedió de la noche a la mañana. Las meditaciones enfocadas de las que se habla en esta guía desempeñaron un papel importante en el cambio de mis vías neuronales, desarrollaron perseverancia y crearon espacio para la absorción de grandes cantidades de información y conceptos. Por lo tanto, ¡no restrinjas lo que crees que puede implicar la práctica de la meditación!

Recuerda la lista anterior de las comunidades judías alejandrinas y cómo los distintos tipos de actividades contribuyen a beneficiar a la persona en su totalidad.

Ejercicio buscando la ecología del Espíritu: 10 minutos

Siéntate en silencio durante cinco minutos. Observa tus pensamientos. No te asocies con ellos. Después de cinco minutos o cuando empieces a sentir que entras en reposo, pregúntale a Jesús en voz alta: «Jesús, ¿cómo es la Ecología del Espíritu? ¿Cómo se siente? Guíame en el camino hacia su descubrimiento». Ahora relájate durante unos minutos y pon tu corazón en querer conocer la Ecología del Espíritu. En este momento no tiene que ocurrir nada. La intención ha sido fijada y te estás sumergiendo en el reino del silencio, donde el Espíritu emergerá con el tiempo. Si algo ocurre, ya sea un sentimiento o una imagen, simplemente obsérvalo. Cuando pase o después de unos minutos de estar sentado, respira hondo y di «gracias».

«*Cristo no tiene cuerpo, sino el tuyo, no tiene manos,*

o pies en la tierra, sino los tuyos,

tuyos son los ojos con los que ve la compasión en este mundo,

tuyos son los pies con los que camina para hacer el bien,

tuyas son las manos, con las que bendice todo el mundo».

- Santa Teresa de Ávila.

6

UNA INTRODUCCIÓN AL CONCEPTO DEL SENSORIUM Y EL CUERPO

El siguiente capítulo trata de lo que he denominado *"sensorium"*, que son las facultades que experimentan los distintos *sensoria* o sensaciones. Al igual que la nariz funciona como la facultad de oler, un sensorium es un centro en el que se percibe un sentido concreto. Los oídos, los ojos, la nariz, la boca y la piel forman parte del sensorio corporal colectivo. Cuando tratamos cuestiones relativas al sensorium de la percepción, debemos preguntarnos: «¿Qué es percibir?» Y a partir de ahí, «¿Qué se puede sentir?» Está claro que diversos periodos de la humanidad han sentido o se han relacionado con el mundo de formas totalmente distintas a como lo hacen hoy los angloeuropeos modernos. Algunos han especulado que esto puede deberse al hecho de que no estaban tan evolucionados o no habían desarrollado sus mentes lo suficiente como para crear el tipo de distinciones y abstracciones que poseemos hoy en día. Por el contrario, yo sostengo la idea de que diversas culturas del mundo de la humanidad primitiva -y algunas actuales hasta nuestros días, aunque muy pocas- tenían ciertas facultades desarrolladas o heredadas que facilitaban una determinada relación y experiencia del mundo totalmente distintas a las de las sociedades modernas. Parte del problema, quizá, de la humanidad moderna es que tendemos a pensar que la mayoría de los humanos experimentaron el hecho de serlo de forma similar a lo largo de la historia. De hecho, la mayoría de nosotros podemos reconocer que existen diferencias culturales y ambientales que desarrollan diversos hábitos mentales, pero tendemos a suponer que esas diferencias se deben a una falta de desarrollo o a que quienes las experimentan están simplemente atrapados en una red de ignorancia ingenua. Nos hemos olvidado de preguntarnos por sus percepciones y experiencias subyacentes en el mundo, y por cómo daban sentido a sus vidas. ¿Y si literalmente experimentaban la realidad de forma diferente debido a que ciertas facultades sensoriales estaban activas en su ser?

El primer lugar del sensorium está dentro del cuerpo. Sí, ¡el cuerpo! Aquí sentimos, intuimos, construimos y recibimos información del Espíritu a medida que fluye a través, dentro y alrededor de nosotros. Demasiados de nosotros hemos rechazado e ignorado nuestros cuerpos a lo largo de los años y, como resultado, hemos cerrado uno de los recipientes más increíblemente potentes para escuchar y oír del Espíritu. Es aquí, desde nuestro sensorio físico, donde el Espíritu, los ángeles y las energías pueden sentirse, verse y comunicarse con nosotros. Permíteme ponerlo en términos muy simples: tu cuerpo es una antena para las energías y actividades espirituales.

Para empezar a entender el proceso del sensorio somático, primero hay que analizar y diseccionar la funcionalidad de la creación de sensaciones dentro de nuestros cuerpos. En primer lugar, debemos examinar las facultades sensoriales, ya que son las herramientas o aparatos mediante los cuales se produce el proceso de percepción. Estos cinco son la nariz, la boca, los oídos, los ojos y el sentido del tacto. Por supuesto, estos aparatos no son más que un conjunto de pequeñas piezas que construyen cada "herramienta" concreta, es decir, el iris, las pupilas, los nervios o el córtex visual prefrontal. Todas estas partes construyen y canalizan colectivamente el proceso de "ver" dentro de nuestra matriz biológica. Todas estas partes que construyen colectivamente cada facultad particular de percepción están vinculadas al sistema nervioso y límbico de nuestros cuerpos, que producen esencialmente el carácter del ámbito percibido de la realidad objetiva.

En segundo lugar, además de las facultades de nuestro sentido biológico, tenemos la actividad de sentir en sí. Se trata de los procesos de respirar, sentir, comer, oler y tocar en los que se realiza el sentido. Estas son las actividades producidas por las herramientas de nuestra percepción mediante las cuales se realiza o se hace "real" el dato eventual de lo percibido.

En tercer lugar, tenemos el campo informativo de aquello que está siendo percibido, o el campo de aquello que contiene la cualidad de aquello que será percibido. Se trata, esencialmente, del dato objetivo que inhibe las características que recibirán los sentidos. Tales cualidades nunca son inherentes al objeto en sí, sino que son producidas por una plétora de procesos relacionales que, a su vez, crean el campo informativo que será percibido. Lo vemos, por ejemplo, en la elaboración del vino, donde el sabor de un determinado vino se debe a toda una serie de factores: los minerales del suelo, los tipos de uva, el clima y los métodos de producción. Todos estos factores relacionales producen el campo informativo que perciben nuestras facultades.

El cuarto aspecto es la percepción o *experiencia* procesual de lo que se percibe. Es el momento en que nuestra realidad es sentida y, por tanto, inundada y cambiada por el propio sentido. Tomemos como ejemplo el proceso de degustación. Cuando uno no está saboreando, está experimentando una realidad que contiene la cualidad de la boca vacía. Normalmente, la experiencia de la boca "vacía" pasa desapercibida y nuestro sentido del gusto se ignora hasta que nos llevamos algo a la boca. En el momento en que experimentamos el sabor del objeto que toca nuestra lengua, nuestra experiencia de la realidad cambia. Pasamos de saborear a degustar. Y esta última degustación produce una calidad de experiencia que nos sumerge en la propia experiencia. Saborear, ver u oler algo significa infiltrarse, cambiar, informarse, conmoverse y volver a caracterizarse por completo. La propia sensación produce la calidad de la experiencia de un momento de movimiento al siguiente.

El quinto aspecto es el proceso proyectivo de la percepción. Una vez que hemos percibido el dato objetivo y lo hemos experimentado, proyectamos (normalmente) los datos de lo que hemos percibido en el propio objeto. Se convierte en un proceso en bucle en el que nos informan los datos y, al mismo tiempo, proyectamos la experiencia individual sobre el propio objeto, dando así a cada objeto una respuesta relativamente condicionada al campo de lo percibido. En este proceso se producen valores, se crean emociones y evolucionan las percepciones, por nombrar sólo algunos.

Por último, el proceso por el que comunicamos nuestras experiencias percibidas entre nosotros sigue siendo el sexto aspecto. Es difícil encontrar una réplica exacta de la experiencia de un individuo a otro porque el proceso por el que se advierten los datos percibidos difiere de una persona a otra. Por ejemplo, se podría pensar que saborear el mismo pollo sería casi idéntico de una persona a otra, sin embargo sabemos que se experimenta de manera ligera, o drásticamente diferente, debido a las diferencias biológicas, de proceso y de preferencias de cada persona.

Todos estos procedimientos de percepción describen los procesos básicos de producción de la experiencia somática en el estado de vigilia. Estos procesos pueden cambiar, y de hecho cambian, en estados alterados, como el sueño y las experiencias de trance, en las que la mente y el cuerpo atraviesan nuevos territorios. La forma en que interpretamos y experimentamos nuestros sentidos dentro de nuestros cuerpos físicos refleja la forma en que sentimos e interpretamos las actividades del Espíritu. Los problemas que muchos de nosotros tenemos se deben, en parte, a que hemos ignorado nuestro cuerpo durante mucho tiempo, lo que cierra una serie de "ojos", o a que aún no hemos activado nuestros órganos de aporte sensorial específicos. Imagina que vivieras toda tu vida con la nariz tapada y nunca experimentaras lo que es oler. De la misma manera, muchos de nosotros caminamos a ciegas o hemos apagado muchos de nuestros aparatos que están en comunicación con el Espíritu. En resumen, no tengas miedo de sentir - ¡siente, siente, siente! Es el fundamento del discernimiento Espiritual. Incluso Yeshua sintió que la energía abandonaba su cuerpo cuando la mujer se agarró a su manto porque estaba muy en sintonía con su propio campo energético, sabiendo que algo le había abandonado. No lo hizo viendo, sino sintiendo.

Hablando desde mi experiencia personal, utilizo mi cuerpo todo el tiempo para sentir y percibir diferentes tipos de energías a mi alrededor. Escucho mi cuerpo cuando entro en una zona por primera vez o cuando entro en una habitación. Lo escaneo constantemente con la mente en busca de cambios sutiles o sensaciones que pueda estar sintiendo, y cómo pueden estar comunicándome algo de lo que ocurre a mi alrededor. También utilizo mi cuerpo para sentir al Espíritu Santo y tomar conciencia de su presencia, ya que puede sentirse físicamente en nuestro cuerpo. Este proceso de "sentir" me resultaba extraño al principio pero, con la práctica, ahora me ha permitido despertar mis capacidades intuitivas y percibir los meta mundos que me rodean. No descuides tu cuerpo: deja que se convierta en el gran recipiente de sensaciones para el que fue creado.

Al hablar del cuerpo, primero debemos reconocer los tres centros principales que se ven afectados y afinados a través de la meditación con el fin de sentir, intuir y conocer. Estos tres centros son la parte superior de la cabeza (centro intelectual), el corazón (centro de la imagen intuitiva) y el estómago (centro emocional). Ahora bien, antes de hablar de los siguientes centros, debo decir que el corazón también es un centro emocional y un centro intelectual. La cabeza es también un centro de intuición, y la zona del estómago es también un centro intelectual y de intuición. No es que estos tres centros trabajen principalmente sólo dentro de un parámetro, es simplemente que estas son sus funciones primarias.

En la meditación, uno puede empezar a sentir su cabeza con la mente. Conforme leas esta frase, toma un momento para hacer una breve pausa y sentir tu cabeza. Hazlo despacio. Con la mente, explora lentamente la parte superior, los lados, la parte posterior y la parte frontal. Intenta sentir el interior y el centro directo de tu cerebro. Observa las distintas sensaciones que surgen a medida que lo escaneas. Si no sientes nada, no pasa nada, sólo date cuenta de ello y toma nota. Con el tiempo, tu sensibilidad a esta zona y a muchas zonas de tu cuerpo empezará a despertar. De nuevo, tómate un momento para visualizar algo. ¿Dónde sientes la mayor tensión o punzada de actividad al visualizar una imagen? Anótalo y sigue leyendo.

Ahora, siente la zona de tu corazón: ¿qué sensación te produce? ¿Qué sientes en esa zona? ¿Qué surge en tu mente cuando centras tu atención en ese lugar? Ahora, deja que un recuerdo positivo venga a tu mente mientras te concentras en tu corazón. ¿Qué sientes ahora en la zona del corazón? ¿Tiene una sensación de alegría y apertura o se siente frío y cerrado? Si es esto último, no pasa nada; ahora ya sabes dónde está tu corazón. Si es así, tómate unos minutos al día para concentrarte en esa zona y ver qué te llama la atención. Luego habla con tu corazón y dile: «Corazón, muéstrame por qué estás cerrado. ¿Por qué no sientes? Trabajemos juntos para abrirte de nuevo. Por favor, muéstrame en un sueño, o incluso en un pensamiento, lo primero que quieres mostrarme. Gracias, corazón». De nuevo, empieza a procesar con tu cuerpo: ¡está vivo y escucha!

En cuanto al centro emocional en la zona de las tripas, respira hondo y empieza a escanear esa zona con la mente. ¿Qué te llama la atención? ¿Qué sientes? Esta es una zona poderosa de la que extraer energía, pero puede agotarse con el estrés inconsciente que nos imponemos cada día. Así que tómate un momento para relajarte y respirar desde el vientre. Hazle saber que intentarás ser más consciente de las emociones que sientes en esta zona. Hay mucho que se puede decir sobre estos tres centros y su funcionamiento y, de hecho, podría ser otro libro entero. Pero por ahora, es esencial conocer estas funciones operativas. Te recomiendo que prestes atención a estas áreas a menudo y las escanees diariamente en tus rutinas diarias de meditación.

Activación somática del sensorium: 5 minutos

Siéntate en silencio durante dos minutos. Respira tranquilamente. Después de permanecer en silencio unos instantes más, escanea tu cuerpo con la mente. Empieza por los pies y sube lentamente hasta la parte superior de la cabeza. Observa todas las tensiones o sensaciones que tienes en el cuerpo. Mientras te sientas allí, di suavemente en voz alta: «Espíritu Santo, muéstrame qué se siente al sentir un "sí" dentro de mi cuerpo». Obsérvate, nota cómo te sientes, y presta atención si hay algún cambio sutil que estés sintiendo. Ahora vuelve a decir suavemente: «Espíritu Santo, muéstrame qué se siente al sentir un "no" dentro de mi cuerpo». De nuevo, observa lo que sientes, aprecia los matices más sutiles y repite este proceso.

Meditación mientras paseas: 15 minutos

Sal a pasear en medio de la naturaleza. Descálzate. Da un paso y toma aire y exhala mientras das el siguiente. Alterna el inhalar y exhalar mientras caminas despacio. Presta atención a tu cuerpo y al suelo bajo tus pies. Observa como tu cuerpo y tu mente interactúan. Sé sensible al proceso de interrelación que existe entre ellos. Deja que el paseo pausado calme tu mente.

«*Permite [que la práctica meditativa] haga el trabajo, y que tú seas el material con el que trabaja; simplemente observa y deja que sea . . . Sé la madera y deja que ella sea el carpintero*».

- La nube del no saber

7

LOS COMIENZOS DE UNA VIDA CONSCIENTE (PLENA) Y LA ORACIÓN CENTRADA

A medida que empieces a ser consciente de los diversos sensorios dentro del Alma y del Cuerpo en relación con el Espíritu, quizá uno de los primeros aspectos que notes sean las diversas actividades que tienen lugar dentro de tu mente. Este es un aspecto de la vida consciente en Cristo que uno necesita abordar: el campo del corazón colectivo. Este campo es el lugar del que uno necesita cultivar la conciencia para poder plantar las semillas apropiadas en su ser. Dentro de este campo del corazón colectivo, uno planta las semillas de sus propios pensamientos entre los aprendidos de nuestros padres, sociedad, medios de comunicación, ancestros, educación, amigos, colegas y otros. Practicar la conciencia en este sentido nos ayuda a identificar las semillas de nuestro ser que necesitan ser cultivadas para ayudarnos a ser verdaderamente quienes somos. Con el tiempo, a medida que aprendemos a madurar las semillas adecuadas de nuestro ser, se produce una transformación en todos los ámbitos de nuestra propia producción.

La forma en que cultivamos estas semillas determina la calidad o la naturaleza de las experiencias de nuestro ser. No significa que uno no vaya a pasar por pruebas o sufrimientos, sino que las semillas brotan o muestran su verdadera calidad cuando se producen estos acontecimientos. Cuanto más transmutemos nuestra amargura, ira, resentimiento, apego, odio y falta de perdón en semillas de libertad, alegría, gratitud y ecuanimidad, más exudará nuestro ser la Ecología celestial del Espíritu. La Ecología del Espíritu es una realidad accesible a todos en cada momento, y sólo se necesita un simple ajuste de la mente para centrarse en una de estas semillas dadoras de vida o en un aspecto de la presencia Divina. La semilla de esta Ecología está presente en nosotros a través de la mente de Cristo, que existe dentro de uno mismo como el aspecto ungido de la conciencia que es plenamente amorosa, libre y generosa. Aunque es libremente accesible, debe ser trabajada, cultivada y llevada a un lugar de conciencia para que los aspectos de su actividad puedan manifestarse.

Se podría pensar en este campo del corazón como el lugar *de donde* uno extrae sus pensamientos y *hacia donde* uno dirige sus pensamientos. Si uno está constantemente pensando negativamente o está imaginando cosas horribles para hacer a otro por ira y odio, se siembra en el campo del corazón una especie de cualidad de actualidad que con el tiempo puede hacer que uno actúe sobre lo que está sembrando constantemente. Es por esta razón que la segunda carta a los Corintios 10:5 afirma: «Destruimos las especulaciones y toda altivez que se levanta contra el conocimiento de Dios, y llevamos *cautivo* todo pensamiento a la obediencia de Cristo». Pero el primer paso, como hemos estado discutiendo, es tomar conciencia de lo que estás pensando, tomar conciencia de las emociones que estás cargando. Porque sólo cuando empiezas a observarte a ti mismo, tienes el poder de cambiar tu mente a un momento consciente de comunión con la mente de Cristo. Intenta mirar y observar lo que piensas, dices y haces. Cuando estés en esas prácticas de meditación, observa, siente, intuye y, sobre todo, no tengas miedo de lo que puedas encontrar en tu interior. Parte de ello puede ser fruto de algunas malas semillas, ¡pero eso está bien! La vida de la Presencia Divina y la Ecología del Espíritu son aún más profundas, y su luz pronto brillará a medida que lleves tu conciencia a tu interior.

Otras formas de tomar conciencia de los pensamientos son las prácticas espirituales cristianas tradicionales, como la oración centrada. La oración centrante resurgió en la década de 1970 y ha ganado popularidad en ciertas corrientes del cristianismo en las últimas décadas. Si te interesa este camino y quieres saber más sobre esta práctica, te recomiendo el maravilloso libro de Cynthia Bourgeault titulado *Centering Prayer and Inner Awakening*. En pocas palabras, la práctica de la oración centrada gira en torno a un tiempo de sentarse con atención consciente a nuestros pensamientos y a los espacios entre ellos. Los practicantes llevan constantemente su conciencia de vuelta al lugar de reposo de la observación. Se aconseja no asociarse nunca con los pensamientos ni seguirlos, sino simplemente observarlos fluir. Al volver a la conciencia de mirar u observar, uno se "centra" y permite que el Espíritu se comunique. Con el tiempo, desde este lugar vigilante, el Espíritu comienza a emerger a través del estado de reposo de la observación.

Ejercicio de oración centrada: 20 minutos

Busca un lugar donde sentarte tranquilamente durante unos quince minutos. Siéntate con la espalda recta y los pies apoyados en el suelo.

Presta atención a tus pensamientos y a tu mente. Fíjate en lo que piensas. Date cuenta de que tu mente está corriendo y pensando, como casi siempre. No te asocies con los pensamientos. Simplemente siéntate y obsérvalos pasar. Si te dejas llevar por tus pensamientos, simplemente vuelve a ser consciente de que solo los estás observando. Escanea tu cuerpo, presta atención a cómo te sientes, de nuevo no te asocies con ningún sentimiento. Simplemente observa y vuelve al "observador" que observa y siente.

«No conozco otro cristianismo ni otro evangelio
que la libertad tanto del cuerpo como de la mente
para ejercitar las divinas artes de la imaginación.

No descanso de mi gran tarea. Abrir los mundos
eternos, abrir los ojos inmortales de la humanidad.

Hacia el interior de los mundos del pensamiento;
hacia la eternidad, siempre en expansión. En el
seno de Dios, la imaginación humana».

- William Blake

8

EL SENSORIUM DE LA IMAGEN

Las ideas sobre el sensorium de la imagen y sus funciones que se exponen en este capítulo han surgido de un proceso de diez años de búsqueda diaria. Sus procesos y usos son esenciales para todos los diferentes tipos de trabajo emocional, espiritual e intelectual que utilizo a diario. Es de vital importancia que este sensorium se despierte y se comprenda de forma consciente si se desea participar en aspectos más profundos de la meditación.

Lo que muchos llaman la imaginación, yo lo llamo el sensorium de la imagen, que tiene dos funciones primarias: la imaginal y la visional. Cualquier actividad dentro de la mente-corazón que sea una imagen creada o conscientemente construida es una actividad imaginativa, a través del centro del corazón. Por el contrario, cualquier actividad que se experimente o revele pasivamente es visionaria. Estas dos funciones, por supuesto, se mezclan y forman los procesos que sirven de vehículos para la comunicación transpersonal. Es el ámbito de la mente el que permite la transferencia metanoética de información, tanto personal como cósmica, en sensaciones e imágenes. El sensorium de la imagen no es sólo lo que uno hace con su mente-corazón, sino también el lugar mismo del que uno extrae inspiración, comunicación, transferencia, trascendencia, (intro)scendencia, visión, información, revelación y creación. Es el gran receptor de los reinos de los mundos celestiales.

A menudo, los que utilizan terminología sobre "ascensión" o "entrar en el cielo" o cualquier tipo de terminología utilizada cuando se habla de la práctica mística se refieren normalmente a metodologías que requieren el uso de la creación de imágenes mentales dentro de la mente-corazón. Lo que muchos están activando al realizar estas actividades es el imaginal, ya que es el proceso por el cual uno inscribe una imagen o mundo en su mente-corazón para acceder a ciertas manifestaciones arquetípicas de la mente colectiva o del Espíritu. Por ejemplo, cuando uno dice: «Ve a visitar un jardín» y te da los detalles de sus imágenes, esto utiliza los aspectos creativos del imaginal de nuestra mente-corazón a medida que crea a través de la información arquetípica. Los beneficios del imaginal son fáciles de adquirir cuando uno mezcla una apertura pasiva con ello, o con el visional, para que fluya la información reveladora. Si se sabe cómo hacerlo, esta actividad resulta beneficiosa en muchos ámbitos de la vida:

1. Proporciona acceso consciente a la mente de lo divino

2. Crea un espacio para que el espíritu de Jesucristo participe en las actividades relacionales del alma

3. Abre la puerta a la posibilidad de relaciones con lo angélico

La dificultad de utilizar únicamente procesos imaginales es que uno puede llegar a pensar que está realmente en el cielo, cuando en realidad está en un mundo autocreado que está fluyendo con la presencia Divina desde su interior. En cierto sentido, este mundo se está sumando a las posibilidades dimensionales anidadas de los cielos, pero el mundo familiar colectivo que llamamos "cielo" no es un espacio creado por uno mismo. Es más bien un mundo al que se accede a través de la apertura al Espíritu Divino. Solo se accede a él a través de la entrega o de elevaciones extáticas en la contemplación de la Presencia Divina. No estoy en absoluto en contra de la creación de estos espacios interiores. De hecho, son de vital importancia porque actúan como espacios informativos con los que uno interactúa y también observa. Por ejemplo, el imaginal puede usarse como una casa de discernimiento porque proporciona un escenario para que la información de otros mundos se manifieste en la mente consciente de uno. En el proceso de estructuración de un mundo imaginario, uno es invitado a las misteriosas profundidades de su propio ser, tanto real como potencial.

Además, el imaginal es una puerta de acceso a revelaciones profundas, sanación, sabiduría y comunicación. Una forma de que surjan algunos de estos profundos beneficios es que uno entregue su propio corazón-mente al Espíritu después de entrar en estos espacios. Digamos que uno está hablando con Jesús en el imaginal, es decir, está recreando una imagen de Jesús en su sensorium de imagen. Para que fluya la información reveladora, hay que emparejar el imaginal con momentos pasivos de conexión. En otras palabras, uno debe aprender a suspender la mente-corazón autogenerada y activa, de modo que pueda eludir la mente consciente y el ego en la medida de lo posible. Esto permite que las palabras o la información que se recibe vayan más allá de la "autoconversación" insular y, en su lugar, abra la posibilidad de que la mente Divina se comunique y revele a través del uso de la actividad imaginativa. Esto requiere que uno haya situado su mente-corazón en un lugar de descanso, que haya entregado la mente-corazón para estar abierto a recibir las palabras que se generan espontáneamente dentro de la mente-corazón a través del Espíritu. De nuevo, la clave esencial aquí es empezar a centrarse, aquietar la mente y abrir suavemente el corazón para poder sentir al Espíritu.

El imaginal es central y una de las técnicas más utilizadas por muchos en los nuevos movimientos místicos cristianos, sin embargo, muchos a menudo carecen de comprensión en cuanto a lo que está ocurriendo en sus prácticas. Muchos de estos movimientos creen que el proceso de "entrar en el cielo" es una forma de ascensión celestial y, en cierto modo, puede serlo, ya que la fe generada en ese momento desencadena la actividad y la presencia del Espíritu. Sin embargo, si uno quiere trabajar únicamente desde el lugar del imaginal, entonces recomiendo que pase muchas horas de concentración intencional con sus imágenes porque cuando una imagen se mantiene en el ojo de la mente o se graba dentro del sensorium de la imagen durante largos periodos de tiempo, la inspiración, la revelación, la transformación, empiezan a surgir. La transferencia puede llegar a ser tan intensa que puede crearse un vínculo o relación real y la realidad de ese mundo puede manifestarse en el ámbito de la propia conciencia.

Cuando imaginamos activamente la Ecología de los Cielos en la imagen-sensorial, estamos despertando la posibilidad humana innata y armónica que yace latente en el tejido del eros del Espíritu. Tales actividades transportan al individuo hacia paisajes cósmicos arquetípicos que están habitados por la propia matriz personal de personajes, tanto autocreados como transpersonales, tales como ángeles, nube de testigos, etcétera. Estos personajes pueden utilizar el sensorium de la imagen para comunicarse y transformarse. Además, estos mundos autocreados pueden funcionar como un mundo onírico en el sentido de que pueden ser destruidos instantáneamente por la propia voluntad con la misma rapidez con la que fueron creados. Esto forma parte de la belleza y el poder de las capacidades del sensorium de la imagen.

También hay momentos en los que uno debe derribar y reconstruir sus mundos interiores según la guía inspiradora del Espíritu Santo. Es dentro de esta danza del espíritu donde uno realza el alcance de cada creación mundana. En su creación y su deconstrucción, de vuelta a las aguas del potencial, tales procesos de asimilación y disimilación permiten que el Espíritu traiga un descubrimiento y una unión cada vez más intensificada con su vida, amor, actividad y revelación.

¿Hay que utilizar la herramienta de lo imaginario con precaución? Por supuesto, como con cualquier herramienta espiritual. Es con esta herramienta que uno puede fácilmente quedar atrapado en el engaño o la fantasía, que no son más que imágenes completamente extraídas de intereses egoístas y egocéntricos. No buscan inspiración más allá de uno mismo y ocurren cuando uno tergiversa el proceso o el mundo que ve. Si se trata de un mundo creado por uno mismo, lo único que hay que hacer es darse cuenta de que se trata de un mundo creado por el ego. Si se trata de un mundo creado por uno mismo que busca su propia transformación, no hay más que hablar. La fantasía se produce cuando uno embellece, caracteriza erróneamente o utiliza lo que ve o crea para ganar poder egoico. La fantasía también puede producirse a partir de nuestras necesidades, por ejemplo, sexuales, profesionales o incluso espirituales. En cuanto al autoengaño, es difícil decir qué es exactamente engaño, ya que cada persona lleva en sí misma una visión parcial, a menos que su mente esté totalmente despejada. Lo importante es cómo clasificamos la información. La fantasía suele satisfacer deseos egocéntricos y florece cuando uno busca su propia alabanza. Pero no es exclusivamente negativo, ya que tiene el potencial de revelar áreas en las que uno se siente poco querido o devaluado, lo que ofrece una oportunidad para la toma de conciencia y la integración. También puede mostrarse como un lugar inconsciente para pacificar mentalmente necesidades, que pueden estar impulsadas por un trauma o por una falta de claridad de la Presencia. Además, puede ser un tipo de espacio de autocomunicación o autorreflexión en el que uno vislumbra sus necesidades mentales y emocionales. A veces, uno puede adentrarse conscientemente en la fantasía para aumentar la confianza en sí mismo o para ver las áreas en las que es necesario abordar sus tendencias negativas. También se puede entrar en este espacio para mantener una visión esperanzadora y declarativa de la propia vida victoriosa sin que sea puramente fantasía.

La forma más eficaz de "ascender", "(intro)scender" o moverse hacia mundos no creados por uno mismo es entrar en la actividad visional. El visional es el proceso en el que uno se sienta y observa cómo se despliega la mente. Cuando la mayoría de la gente cierra los ojos, no ve nada más que oscuridad o quizás algunas manchas de color aquí y allá. Entonces suelen inquietarse y empiezan a crear imágenes en su cabeza, como una biblioteca o una gran ciudad, y luego van a explorar. De nuevo, eso está totalmente bien, pero hay que ser consciente de que están entrando en un centro de información arquetípico, que ciertamente tiene la capacidad de fluir con la presencia Divina. Sentarse y esperar o agitar la mente mediante una adoración extática y concentrada, por el contrario, no es fácil de inmediato. Requiere concentración, disciplina y voluntad de superación. Lo que ocurre, sin embargo, cuando uno finalmente traspasa el umbral son vistas y mundos más allá de la imaginación que comienzan a inundar el ojo interior de la mente. En esos momentos, sólo hay que dar un paso atrás, relajarse y observar. Puede ser difícil no querer lanzarse y desviar el proceso con la propia voluntad, aunque hay momentos en que se abre a ello. Recomiendo, sin embargo, que cuando esto ocurra uno se siente y deje que la experiencia visionaria se desarrolle. La visión pasiva o el modelo de "estar quieto" es una de las cosas más difíciles de practicar para los occidentales. En mi propia práctica, me resultó extremadamente difícil al principio y tardé muchos años en llegar a disfrutarlo. Pero si puedes entrar en el modo "no me voy a precipitar", el proceso de ascensión a través del Espíritu se abrirá ante ti en formas profundamente novedosas.

Otra cosa contra la que podría advertir es el apego a las experiencias extraordinarias. Una de las tendencias que he observado dentro de los nuevos movimientos místicos cristianos es que muchos esperan tener experiencias excepcionales y extraordinarias cada vez que van a sentarse. Lo que produce esta expectativa poco realista es impaciencia y decepción cuando las imágenes pasivas no llegan a inundarles. Hay muchos días en los que voy a sentarme durante unas horas y no ocurre nada increíble durante ese tiempo. Pero en el proceso y en la práctica misma, estoy cambiando y equilibrando mis emociones y mi corazón, y salgo totalmente renovado por estar en la Presencia. Si eres capaz de comprender esta parte del viaje desde el principio, te ahorrarás la carga de la decepción y el deseo de abandonar. Las experiencias llegarán, te lo aseguro. Y si eres paciente y te enamoras del proceso, disfrutando realmente de sentarte en la presencia reposada del Espíritu, se te mostrarán cosas que van más allá de lo que jamás hubieras podido expresar con palabras. Esto significa, por supuesto, que uno debe estar familiarizado con la experiencia del silencio. Uno de mis monásticos cristianos favoritos y un verdadero maestro en el estilo de vida meditativo es San Isaac, un monje cristiano sirio del siglo VII. Compuso las siguientes hermosas homilías sobre el silencio:

«Lo que el riego es para las plantas es exactamente lo mismo que el silencio continuo para el crecimiento del conocimiento espiritual».

«El silencio es un misterio de la era venidera, pero las palabras son instrumentos de este mundo».

«La verdadera sabiduría es contemplar a Dios. Contemplar a Dios es el silencio de los pensamientos».[xxvi]

Para entrar en el visional, hay que estar abierto a la actividad de la quietud del silencio. A medida que uno comienza a sumergirse en las misteriosas profundidades de la presencia siempre revelándose de lo Divino, se dará cuenta de que cuanto más se profundiza, más silencioso se vuelve. El silencio no es una característica del comportamiento inconsciente, sino un reposo en la naturaleza de la propia unión con Cristo. Se ve en la calma y el sosiego de la mente. Se manifiesta en la apertura del corazón a la obra del Espíritu. Se ve en los actos de restauración sin egoísmo. Cuando empieces a entrar en el silencio, deja que te guíe hacia las profundidades de tu alma, donde brota la Fuente de la Vida. Es aquí donde uno comienza a contemplar la luz beatífica de la Presencia inmarcesible del Espíritu. No tengas miedo del silencio ni te resistas a su aparición, más bien acoge su toque calmante para expandir tu conciencia. Aquí comienza a surgir el visional, que nos recuerda de nuevo que no debemos apegarnos a lo que experimentamos. Cuanto más te abras al Espíritu y observes pasivamente, más prolongadas e intensas serán las actividades visionales dentro del sensorium de la imagen.

En cuanto a las prácticas de meditación, ¿en qué manera repercuten en el individuo las actividades del visional y el imaginal?

- Permite intensificar la recepción visional

- Si se dedica tiempo y concentración a la creación de imágenes, ésta puede llegar a ser más intensa

- Permite sentir y reconocer qué tipo de imagen está "entrando"

- Ayuda al desarrollo de la "percepción"

- Crea la conciencia de la herramienta, u ojo, que percibe su apertura o cierre para comprender qué tipo de imagen se presenta

- Crea una sensibilidad hacia uno mismo que lleva a tomar conciencia de cuándo el "yo" está generando un momento en el que buscamos revelación

- Desarrolla la sensibilidad para el discernimiento, que puede volverse rápido como un reflejo con el tiempo, porque utiliza el sentimiento como conducto principal

- Nos hace conscientes de nuestros cuerpos sutiles y sus actividades, lo que nos permite utilizar la imaginación como herramienta para navegar por esas esferas e influir en sus acciones

- Nos lleva al silencio para crear el recipiente de la transformación y la posibilidad dentro de las prácticas imaginativas

- Nos permite despertar, ser honestos y vernos a nosotros mismos con claridad, lo que a su vez nos permite ver mejor al Espíritu. Como dijo Yeshua: «Bienaventurados los limpios de corazón porque ellos verán a Dios» (Mat 5:8).

En resumen, ¿cuál es el centro del sensor de imágenes?

1. El centro de creación de imágenes (imaginal) y de recepción de imágenes (visional)

2. Un dispositivo de comunicación:

   - Una facultad para conocer

   - Una facultad para transformar

   - Una facultad para crear

   - Una facultad para despertar

La clave para involucrar al sensor de imágenes es permitirse el espacio para saber cuándo está proyectando o auto creando las imágenes. De nuevo, la autocreación no es necesariamente una actividad negativa o positiva del sensor de la imagen. Tanto el imaginal como el visional tienen sus propias funciones y trabajan mano a mano. Por ejemplo, cuando se crea con un propósito o se busca crear una conexión, se utiliza el imaginal. En cambio, cuando busques información, intenta utilizar el visional o el imaginal con la pasividad del visional.

Para concluir, es importante señalar que no se trata de funcionalidades totalmente separadas. Siempre están presentes y trabajan juntas en el sensorium de la imagen. Si estás buscando un encuentro con Jesús, y has utilizado un proceso imaginal para crear una imagen de su forma en tu sensorium de imagen, el siguiente paso es detener la proyección de tus pensamientos sobre Él y, en su lugar, comenzar el proceso de escucha entrando pasivamente en el silencio, o en el visional, y dejando que el Espíritu hable. Esto lleva tiempo y práctica, pero realmente es la clave para que el imaginal cobre vida y se convierta en algo que pueda circunnavegar el ego. La meditación tiene el potencial de afinar nuestra percepción y conciencia para que seamos conscientes de cuándo tienen lugar estos procesos en nosotros. Nos permite afinar este aparato para permitir que el Espíritu Santo nos dé una visión del mundo encantada de nuevo con la presencia siempre viva de lo Divino.

Ejercicio para el imaginal: 15 minutos

Siéntate o túmbate, si lo prefieres, pero asegurándote de que te
mantienes despierto y tu espalda descansa sobre el suelo y si
estás sentado, que sea con la espalda recta. Esto es importante
para que el fluir de energía no se restringe en ningún punto.
Respira profundamente y comienza a relajar tu cuerpo.
Continúa haciendo esto un par de veces más y vuelve a respirar
de forma profunda una vez más imaginándote que una luz entra
en tu corazón. De nuevo, repite esta forma de respirar mientras
inhalas luz en tu corazón unas cuantas veces más e imagina
a Jesús sentado en medio de tu corazón. Jesús irradia luz y
amor. Con cada respiración, Jesús se hace más y más brillante
y Su luz comienza a expandirse. Permite que tu cuerpo sienta
la expansión de esa luz en tu corazón. Observa cómo tu mente
interactúa con ella. Continúa con la respiración hasta que la luz
rebose por todo tu cuerpo hasta, por cada una de tus células. No
hace falta esforzarse, solo dejar que fluya y se expanda. Ahora
estás presente. Haz una pausa y descansa.

«Pero, ¿cuál es ahora el significado de la entrada de Moisés en las tinieblas y de la visión de la Divinidad de que gozó en ellas?

Pero a medida que el alma progresa y, mediante una concentración mayor y más perfecta, llega a apreciar lo que es el conocimiento de la verdad, más se acerca a esta visión, y tanto más ve que la naturaleza divina es invisible. Abandona así todas las apariencias superficiales no sólo

las que pueden ser captadas por los sentidos, sino todas aquellas que la mente misma parece ver, y sigue profundizando hasta que por la operación del Espíritu penetra en lo invisible e incomprensible, y es allí donde ve lo Divino».

- Gregorio de Nisa, La vida de Moisés

9

EC-STASIS APOFÁTICO

Otra práctica meditativa cristiana se centra en la actividad apofática. Apófasis es la palabra griega para decir "no" o adherirse a un tipo de negación. Hay dos destacados místicos cristianos, entre otros, que utilizaron esta técnica para ascender o (intro)scender a las profundidades del Espíritu. A finales del siglo V y principios del VI d.C., Pseudo Dionisio el Areopagita fue el primero en popularizar y centrar atención sobre esta técnica y proceso para la práctica mística cristiana, que más tarde influyó en muchos de los más grandes místicos y teólogos de la Iglesia.[xxvii] El segundo gran contribuyente a este tipo de actividad meditativa mística fue el autor anónimo del texto medieval *La nube del no saber*. Como he dicho en la introducción, no voy a desentrañar todas las implicaciones de estos textos y enfoques místicos en este libro. Pero a quienes estén interesados en explorar estos enfoques, les recomiendo que empiecen con *La nube del no saber* y las magníficas obras místicas de Pseudo-Dionisio, Meister Eckhart y San Gregorio de Nisa.

Las primeras veces que me dediqué a esta práctica, la sentí como algo extraño. A veces me parecía incluso sacrílega y escandalosa. Pero con persistencia, empecé a ser testigo de varios avances en mi forma de relacionarme con la Divinidad. Rápidamente comenzaron a desvanecerse viejas conceptualizaciones malsanas sobre mi forma de pensar acerca del Espíritu. Lo que se me hizo evidente a través de esta técnica fueron las formas en que había construido mi imagen de lo Divino con mi propio corazón. A través del proceso de deconstrucción radical de la vía apofática, fui capaz de abrir nuevas posibilidades y conceptualizaciones del Espíritu que ahora me permiten no solo relacionarme con lo Divino de forma más sana, sino también desmantelar procesos de pensamiento constrictivos subyacentes. Como resultado, mi corazón-mente fue capaz de expandirse de maneras que no sabía que eran posibles.

El método apofático opera de tal manera que niega todo tipo de imágenes y características que uno pueda atribuir a lo Divino.[xxviii] El siguiente extracto de *La nube del no saber* muestra cómo es este proceso durante las prácticas contemplativas:

«Y si algún pensamiento se levanta y sigue queriendo imponerse por encima de ti, entre tú y esa oscuridad, y te pregunta: "¿Qué buscas, y qué quieres tener?", di que es a Dios a quien quieres tener: "Lo quiero, lo busco y nada más que a Él". Y si te pregunta qué es ese Dios, di que es el Dios que te hizo y te redimió, y que te ha llamado bondadosamente a su amor; y di que no tienes entendimiento de él. Y, por tanto, di: "Vuelve al suelo", y pisotea firmemente el pensamiento con una agitación de amor, aunque te parezca santísimo, y como si te ayudara a buscar a Dios».[xxix]

El proceso descrito se basa en la negación de los diversos aspectos que uno ha atribuido a lo Divino. No está totalmente expresado de forma que para eliminar la existencia de lo Divino de nuestros pensamientos, sino para recordarnos que nunca tenemos una imagen perfectamente clara del Espíritu. En el siguiente fragmento, el místico medieval y contemporáneo del autor de *La nube*, San Denis, explica su concepción del apofatismo, tal y como se detalla en *La nube del no saber*:

«Y luego, ascendiendo y comenzando nuestras negaciones en lo más alto de las cosas inteligibles, decimos que él no es ni alma ni ángel, ni tiene imaginación ni opinión ni razón ni entendimiento; ni es razón ni entendimiento; ni es hablado ni entendido. Y - para pasar de estas cosas altas por etapas intermedias a las cosas más bajas - él no es número, ni orden, ni grandeza, ni pequeñez, ni igualdad, ni semejanza, ni impropiedad; ni está de pie, ni se mueve, ni guarda silencio, ni habla. Y -para volver por etapas intermedias a las cosas más altas, y terminar nuestras negaciones en lo más alto- decimos que él no tiene poder, ni es poder, ni luz, ni vive, ni es vida ni sustancia ni edad ni tiempo, ni hay ningún contacto inteligible con él, ni es conocimiento ni verdad ni realeza ni sabiduría ni uno ni unidad ni Divinidad ni bondad; ni es espíritu según nuestro entendimiento de espíritu; ni filiación ni paternidad ni ninguna otra cosa conocida por nosotros o por cualquiera que exista; ni es ninguna de las cosas que no existen ni ninguna de las cosas que existen; ni ninguna de las cosas que se conocen le conoce tal como es; ni conoce las cosas que existen tal como son en sí mismas, sino tal como son en él; ni hay medio alguno de acercarse a él por la razón o el entendimiento; no tiene nombre; no hay conocimiento de él; él no es ni tinieblas ni luz, ni error ni verdad; ni, todo sea dicho, puede ser afirmado o negado, sino que cuando atribuimos por afirmación o quitamos por negación alguna o todas las cosas que no son él mismo, no podemos ni plantearlo ni negarlo, ni de modo inteligible afirmarlo o negarlo. Pues la Causa perfecta y única de todas las cosas debe necesariamente carecer de la posibilidad de comparación con la más alta altura, y estar por encima de toda afirmación y negación. Y su incognoscible trascendencia está incomprensiblemente por encima de toda afirmación y negación».[xxx]

En el extracto anterior, se puede ver una clara negación de una serie de atributos que a menudo se asignan a la Divinidad. Y no hay nada de malo en ello- ¡se trata de un ejercicio contemplativo! Para la persona que nunca ha hecho este tipo de proceso de negación de todos los atributos que uno ha atribuido a la Divinidad, esto puede ser visto como algo extremo, abrasivo o que destroza los nervios. Este enfoque no consiste en negar la existencia de lo Divino, sino en reconocer que la idea que uno tiene de lo Divino -ya sea de amor, sabiduría o conocimiento- no se acerca ni de lejos a la realidad en lo que respecta a la forma en que lo conoce lo Divino. Es a través de este desapego de las propias ideas de lo Divino que uno puede entonces recibir una comprensión intensificada de lo Divino que supera sus concepciones previas. Le permite a uno estar constantemente en flujo y en proceso con la forma en que uno puede percibir lo Divino para no quedar atrapado en una concepción estática o "ídolo". La negación crea un espacio similar a un útero en el que el Espíritu puede venir y revelarse de una forma intensificada que habría destrozado las concepciones anteriores. Para algunos, una práctica como ésta puede resultar inestable, acuosa y caótica, pero desprenderse por un momento de las concepciones que uno tiene de lo Divino (recuerda, no es para siempre, se hace en una práctica intencionada) puede permitir que el Espíritu engendre un recipiente abierto para la transformación que permita que surjan nuevas posibilidades creativas.

*Ejercicio de meditación apofática para principiantes: 10
minutos*

Siéntate en silencio un momento y respira profundamente. Trae
a tu conciencia una imagen de Yeshua. Suavemente di en voz
alta: «Yeshua, suelto todas las ideas preconcebidas de cómo
eres físicamente. Guíame a tu naturaleza en Espíritu». Siente,
respira y mira en tu interior. Si surge algo, di «Sé que no eres
totalmente eso», déjalo ir y di suavemente «Muéstrame más».
Después de sentarte durante diez minutos dejando que las cosas
surjan y desaparezcan, piensa en una imagen de Yeshua en tu
mente y di: «Gracias por mostrarme que eres mucho más que
cualquier cosa que pueda imaginar o concebir».

«Lo Divino debajo de ti,

lo Divino delante de ti,

lo Divino bajo ti,

lo Divino sobre ti,

lo Divino dentro de ti».

- San Patricio

10

SER-ESTANDO PRESENTE CON LA PRESENCIA

Parte de lo que falta en la práctica cristiana es el reconocimiento del momento o del "ahora". Este término, por supuesto, ha encontrado su camino en la cultura popular y se ha convertido en una especie de mantra universal, pero sigue siendo una verdad que, cuando se enfoca, se convierte en una puerta de entrada para despertar verdaderamente a nuestro ser. Revigoriza el alma y nos reconecta con la conciencia de que existimos. Nos sitúa en el espacio de ser conscientes de que estamos vivos, respirando, pensando y moviéndonos. Recordar suavemente este hecho nos permite reterritorializar nuestro estado actual o reequilibrar nuestro territorio interior. Esta reterritorialización es un "despertar" que nos lleva al simple reconocimiento de nuestra existencia, belleza, fragilidad y fuerza. Existir es asombroso. Evoca infinidad de preguntas, autorreflexiones y momentos de existencia indecible. Y es esta reflexión, este simple darse cuenta, lo que abre la puerta a la afluencia de la presencia Divina. Porque es en este momento del "ahora" que fluye por nosotros como un río donde lo Divino existe, impregna e embriaga nuestra actividad de ser. Nos invita a la Ecología del Espíritu, que se mueve y actúa en la presencia del desarrollo del momento. Debo añadir que el momento que experimentamos como "ahora" no es realmente el "ahora", sino un simple reflejo momentáneo de un momento que ha pasado rápidamente. No vivimos en la atomización del tiempo, sino en un flujo siempre perpetuo que se mueve actualmente dentro de los momentos continuos y siempre desdoblados que experimentamos como "ahora".

Una de las formas más sencillas de aumentar la cantidad de tiempo que uno está vivo es practicar el estar presente en el momento. Si vivimos nuestra vida diaria constantemente en piloto automático o dentro de nuestra mente, ya sea en el pasado o en el futuro, no obtenemos el beneficio de estar presentes en el momento. En lugar de eso, vivimos nuestras vidas de forma similar a la que experimentamos en un sueño. Si vivimos así, nunca llegamos a ser verdaderamente reales. Esto hace que quedemos atrapados en automatismos de nuestra mente que nunca nos permiten estar presentes y abiertos a los momentos que vivimos. Estar vivo es, en primer lugar, reconocer que se está vivo y, a continuación, tomar conciencia de la realidad de ese momento. Estar en contacto con esa presencia viva en el momento es empezar por fin a despertar: «Despierta, oh durmiente, y levántate de tu sueño». Estar presente permite entrar en contacto con el cuerpo, las emociones, el Espíritu y el flujo de la vida. Devuelve la mente a lo real y la saca del país de la fantasía. Traer la mente de vuelta al momento presente no es una tarea fácil, pero si uno puede tomarse el tiempo necesario para volver a ella, los beneficios no tardarán en aparecer cuando uno vuelva a ser Alma en comunión con el Espíritu.

A lo largo de nuestros días, participamos en un sinfín de actividades, algunas de las cuales no podemos evitar. Solo unos pocos están llamados a ser monjes y monjas. Entonces, ¿qué debemos hacer con todas estas actividades en nuestras vidas? Debemos participar en el ser, no en el hacer. Si en tu actividad te tomas un momento para darte cuenta de que estás ahí, presente y vivo, empezarás a despertar del piloto automático. Pongamos un ejemplo: estás cocinando. Tómate un momento para sentir la cuchara de madera. Nota cómo se siente en tu mano y observa realmente sus colores. Presta atención a todos los detalles de las verduras que estás cortando. Fíjate en la presión necesaria para cortar cada tipo de verdura. Tómate un momento para oler, para oler de verdad lo que estás cocinando. Fíjate en todos los olores que desprende. Si tus hijos están correteando, date cuenta de que no será así para siempre. Pero en este momento, sus voces, los pasos, los olores... todo está ahí, plenamente presente. Muchos de vosotros diréis: «Sí, sí! ¡Yo he hecho esto! He tenido momentos así en mi vida en los que he dicho "siempre recordaré este momento"». Ese es, efectivamente, el momento en el que empezaste a despertar del piloto automático y te hiciste realmente presente en el momento. De hecho, la mayoría de nuestros recuerdos son momentos en los que estuvimos plenamente presentes. La verdad es que podemos vivir el presente como lo hacemos en estos momentos fugaces, volviendo a despertar una y otra vez.

En la vida cotidiana, tenemos tareas, quehaceres, gente a la que visitar, ruido, trabajo, desplazamientos y entretenimiento que acaparan nuestra atención, energía y presencia. Nada de esto es intrínsecamente malo, sino simplemente una condición de nuestro mundo en este momento y una parte de la canción y la danza de nuestra encarnación en esta era. Todo este ajetreo hace que a uno le resulte difícil entrar en el flujo de ir más despacio, quedarse quieto y abrirse al Espíritu. Por eso, nuestras mentes están constantemente aceleradas y rara vez nos tomamos un respiro para estar simplemente presentes y abiertos al momento en que vivimos. Puede ser difícil parar, mirar al cielo, abrir nuestro corazón a la gratitud y quedarnos quietos sólo por un momento. Dejando a un lado todas estas dificultades, si podemos empezar a desarrollar un despertador interior o una campana que nos despierte al momento unas cuantas veces al día -figurativa o literalmente-, empezaremos a profundizar en nuestra sensación de estar en contacto con nosotros mismos, con la tierra, con nuestro corazón, con nuestras familias y con el Espíritu.

Como hemos repetido muchas veces a lo largo de esta guía, el libro de los Salmos destaca esta realidad en su afirmación: «Estad quietos y conoced que yo soy Dios» (Salmo 46:10). Mediante la práctica de la quietud y el desplazamiento de nuestra atención hacia la presencia del Espíritu, que siempre está presente en el aquí y el ahora, empezamos a reconfigurar nuestra conciencia y nuestra mirada hacia lo Divino. Con el tiempo, esta reconfiguración comienza a reestructurar nuestros patrones de pensamiento, comportamientos, emociones y visión general del mundo. ¿Qué mejor momento que éste para volver a despertar nuestro sentido de conexión con el mundo y con el don de la vida que todos hemos recibido?

Es importante señalar que nuestro movimiento hacia la presencia en el presente no siempre será fácil ni nos llevará hacia emociones positivas. Podemos sentir un profundo dolor o angustia, o experimentar la necesidad de un llanto catártico. Puede ser duro para muchos individuos, especialmente si han enterrado muchas de sus emociones en su interior para sobrevivir, o por miedo y el deseo de evitar todo tipo de dolor. Pero cuando uno está presente, se enfrenta a los miedos, los dolores y todas las cosas que ha escondido bajo la alfombra. Puede ser abrumador, sin duda, pero prometo que en poco tiempo, a través de la meditación, la contemplación y la adoración conscientemente presente, uno puede empezar a sanar y a moverse hacia un lugar de plenitud que se hace eco de los lugares más profundos del amor interior mientras llevamos nuestros golpes, moratones y cicatrices. Estas cicatrices dolorosas no deben ser vistas como vergonzosas sino reconocidas como marcadores o áreas de liberación en nuestro viaje. Una forma de cambiar hacia la plenitud o hacia un lugar de sanación es estar mental y plenamente (mindful) presentes con la Presencia.

Se puede decir que, al estar presente, uno se encuentra dentro de su Verdadero Ser y puede entrar en la totalidad. Pero preguntémonos, ¿qué es exactamente la plenitud? Muchos piensan que la plenitud es la perfección absoluta, un estado que no tiene defectos ni imperfecciones. Pero la plenitud es en realidad holística y lleva en sí todo el viaje, el quebrantamiento y la curación, la imperfección y la perfección, el recuerdo de dónde venimos y hacia dónde nos dirigimos. Algunos se preguntarán: «Bueno, ¿no desaparece todo? No quiero recordar de donde vengo». Pero recuerda, incluso después de que Jesús resucitó de entre los muertos, todavía llevaba sobre y dentro de su cuerpo las marcas de su crucifixión. Los agujeros seguían presentes en su carne. Su cuerpo reflejaba todo su viaje. Son nuestras imperfecciones a través de nuestros viajes, historias y procesos las que nos hacen únicos, inspiradores, bellos y milagrosos.

No puedo enfatizar lo suficiente la importancia de practicar la autorreflexión y el proceso de recordarnos a nosotros mismos que estamos presentes con la Presencia. Sin esta práctica, es poco probable que hubiera sido capaz de avanzar y progresar continuamente en mis prácticas espirituales. Me obliga a ser siempre honesto conmigo mismo. No siempre es fácil, por supuesto, porque hay momentos en los que sólo siento dolor o una sensación de vacío. Pero con el tiempo, esa apertura hace nacer algo verdaderamente nuevo en mi interior. Así pues, cuando entres en el momento presente, abre tu corazón, deja que sane, permítete sentir y saber que el Espíritu está cambiando, sanando y restaurando todo tu ser.

Meditación presente con la Presencia: 20 minutos

Hay varios métodos y formas de entrar en la práctica de la meditación. Para empezar, hay que buscar un lugar cómodo, una silla, un sofá o un cojín.

El objetivo principal es mantener la espalda recta, ya sea sentado o tumbado. Una vez hecho esto, puedes inhalar profundamente. Puede que notes que tu mente está corriendo y acelerada, lo cual está bien y es normal para cualquiera que se inicie en la práctica de la meditación. El objetivo no es intentar detener los pensamientos, sino hacer una pausa, observar y ver cómo pasan. Fíjate en lo que estás pensando: ¿es necesario en ese momento? Tras un minuto sentado en silencio, vuelve a inspirar profundamente un par de veces. Por último, di suavemente sobre ti mismo «Jesucristo» mientras llenas tu corazón de gratitud durante veinte minutos. Observa cómo se siente tu cuerpo al pronunciar el nombre prestando atención a los pequeños cambios que se produzcan en tu organismo. Recuerda que el objetivo de la meditación no es dormirse, sino volverse más perceptivo, sensible y consciente. Es aquietar las aguas para poder entrar en los procesos transformadores y lugares de la comunicación.

«*Ya sabes que nuestra respiración consiste en inhalar y exhalar aire. El órgano que sirve para ello son los pulmones, que se encuentran alrededor del corazón, de modo que el aire que pasa a través de ellos envuelve al corazón. Así pues, la respiración es un camino natural hacia el corazón. Y así, habiendo recogido tu mente dentro de ti, condúcela al canal de la respiración a través del cual el aire llega al corazón y, junto con este aire inhalado, fuerza a tu mente a descender al corazón y a permanecer allí... cuando entres así en el lugar del corazón, como te he mostrado, da gracias a la Divinidad y, alabando Su misericordia, mantente siempre en este hacer, y te enseñará cosas que de ninguna otra manera aprenderás jamás*».

- Nicéforo el Solitario

11

RESPIRA

«Esta es la historia de los cielos y de la tierra cuando fueron creados, el día en que YHVH Elohim hizo la tierra y el cielo. Y aún no había en la tierra arbusto del campo, ni planta del campo que brotase, porque YHVH Elohim no había hecho llover sobre la tierra, ni había hombre que labrase la tierra. Pero una niebla se levantaba de la tierra y regaba toda la superficie del suelo. Entonces YHVH Elohim formó al ser humano del polvo de la tierra, y sopló en sus narices aliento de vida; y el ser humano llegó a ser un ser viviente (*nefesh chaya*)». Génesis 2:4-7

A lo largo de los ejercicios de este libro, te habrás dado cuenta de que la respiración desempeña un papel destacado a la hora de calmar el cuerpo y la mente, al tiempo que nos hace tomar conciencia de la actividad del Espíritu. En la narración bíblica del relato de la creación de la humanidad en

Génesis 2, dice que la Divinidad insufló en el primer humano el aliento de vida, convirtiéndolo así en un alma viviente. Según el relato, el ser humano no estaba vivo hasta que el aliento de la Divinidad entró en su cuerpo. El aliento o aire se considera en este relato como una de las fuerzas vitales, algo que anima y da vida al cuerpo humano. En pocas palabras, uno moriría sin aliento. Del mismo modo que el aire da vida a los cuerpos, el Espíritu da vida a las almas. Nos permite tener una experiencia consciente de existir. Sin Espíritu o una conciencia fundamental, estaríamos flotando en un mundo de potencialidades. El Espíritu, al igual que el aliento, es lo que nos hace presentes.

Dentro de nuestro cuerpo tenemos más de un tipo de viento o respiración. Tenemos, por supuesto, el aire que entra y sale de nuestros pulmones, y también tenemos el flujo de sangre que circula por todo nuestro sistema. Por último, tenemos los campos energéticos que fluyen a través de nuestro sistema nervioso. Todos ellos son un tipo de viento o respiración. Cada uno mueve y da vida a nuestro cuerpo, y sin cualquiera de estas tres actividades uno ya no estaría vivo. Así que, a medida que profundices en la meditación, procura familiarizarte más con tu respiración. Observa cómo cambia la fosa nasal principal de entrada cada dos horas aproximadamente. Fíjate en lo que le hace a tu corazón respirar rápido o respirar despacio. Nuestra mente, cerebro y cuerpo cambian a través de nuestros ritmos de respiración y, mediante las alteraciones de nuestra respiración, podemos cambiar nuestras percepciones de la realidad, así como nuestra sensibilidad al Espíritu.

Para mí, la respiración ha sido la clave para desbloquear la capacidad de concentración. Cuando empecé a meditar, me sentaba e intentaba despejar la mente. Al cabo de unos minutos me aburría, mi mente divagaba y me perdía rápidamente en mis pensamientos. Sin embargo, al poco tiempo, descubrí que centrarme en la respiración permitía a mi mente concentrarse en algo mientras estaba sentada. Llegar a conocer la respiración y prestar verdadera atención a sus matices aliviaba mi mente, lo que ha permitido la aparición de estados de reposo. Para mí, la respiración ha abierto estados de flujo que han permitido una mayor claridad en la recepción espiritual y una interacción vívida con el Espíritu. A través de una simple concentración de la respiración por la noche, he abandonado mi cuerpo muchas veces. Aunque pueda parecer un concepto extremadamente básico, es increíblemente poderoso. Debo señalar aquí que hay muchas, muchas maneras de involucrar la respiración que son fundamentales para una variedad de interacciones espirituales, como la sintonización corporal y para desbloquear meta-estados de conciencia. El sencillo ejercicio que sigue es excelente para comenzar y es a la vez básico y poderoso.

Meditación de respiración: 15 minutos

Busca un lugar para sentarte en silencio y erguido. Ahora reza suavemente en voz alta: «Espíritu Santo, que pueda ser consciente de ti en la respiración».

Ahora respira profundamente varias veces. Inspira fácil y tranquilamente por la nariz. Inspira durante cuatro segundos, mantén la respiración durante cuatro segundos y espira durante cuatro segundos. Mientras respiras, centra toda tu atención en la respiración. Observa cómo entra y sale el aire por la nariz. ¿A qué huele?

¿Hueles algo? Observa la temperatura del aire al entrar por la nariz y cómo cambia al exhalar. Toma conciencia de la respiración al inhalar y exhalar.

Si tu mente divaga, simplemente vuelve a centrar tu atención en la respiración. Deja que la respiración calme, masajee y tranquilice tu cuerpo. Deja que tu mente entre lentamente en un estado de paz y tranquilidad.

«Ninguna criatura tiene sentido sin la Palabra de lo Divino.

La Palabra Divina está en toda la creación, visible e invisible.

La Palabra es vida, ser, espíritu, todo reverdecer, toda creatividad.

Esta Palabra resplandece en cada criatura.

Así es como el Espíritu está en la carne: la Palabra es inseparable de lo Divino».

- Hildegarda de Bingen

12

REFLEXIONES FINALES

A lo largo de este libro, has encontrado varias formas y técnicas para despertar al fluir del Espíritu interior. Si comienzas a practicar los principios básicos de la auto-observación y el aquietamiento de tu mente, se abrirá de par en par la puerta para la participación consciente con el Espíritu. Hay, por supuesto, muchas otras técnicas y formas en las que uno puede meditar que no se tratan en esta guía. Pero al practicar pacientemente los ejercicios al final de cada sección, uno puede comenzar a ver la Ecología del Espíritu dentro de uno mismo. El Espíritu Santo se mueve, fluye y nos habla constantemente en el silencio de nuestro ser. La difícil tarea que tenemos entre manos es crear el tiempo para despertarlo. Este es nuestro llamado: ser pacientes, volvernos sensibles y no tener miedo de intuir las acciones fluidas del Espíritu. Cuando lo hacemos, con el tiempo, nos llenamos de un gozo indescriptible, éxtasis, paz y consuelo.

Todas estas actividades son a la vez el comienzo de un cristianismo emergente en el mundo y tienen sus raíces antiguas en la praxis mística. Si empiezas a trabajar con estas técnicas, comenzarán a surgir experiencias místicas. Pero lo más importante es que tu corazón despertará y tu vida en Cristo comenzará a brillar de nuevas maneras. Utiliza estas técnicas para revolucionar tu campo o profesión. Deja que llegue la revelación para cambiar el mundo y que éste adquiera las características del cielo. Recuerda que tu verdadero Yo es el que está arraigado en el Espíritu de Cristo. «Ya no vivo yo, sino Cristo en mí» (Gal 2:20). Es en este lugar donde tocamos, desencadenamos y profundizamos nuestros excursos meditativos. Comenzar aquí, en un lugar de descanso, mientras se llevan a cabo estas diversas prácticas, abrirá una dimensión experiencial de la propia unión con Cristo que está verdaderamente más allá de lo que nadie pueda expresar con palabras. Deja que estas prácticas sean un vehículo que te lleve a los Cielos y al pozo del Agua Viva que descansa en lo profundo de nuestros Corazones.

Si estás interesado en un grupo de meditación
semanal en el que practicamos y aprendemos una
serie de fundamentos de meditación y exploramos
juntos técnicas más avanzadas,
visita **www.rooakh.com** para obtener más
información. Cada semana nos reunimos para
meditar.

¡Nos encantaría verte allí!

NOTAS:

i. Véase www.aacetv8.com.

ii. También conocidas como "experiencias extracorpóreas".

iii. Por un lado, la palabra "Espíritu" engendra la idea de que la Divinidad en su totalidad es Espíritu en perpetuo devenir (Juan 4:24), al tiempo que afirma que quienes están unidos a Cristo son un aspecto de la presencia corporal del Espíritu (Romanos 8:9-17), tanto en acción como en morada, como un templo (1 Cor 3:16).

iv. Tomo prestado este término de A.E. Roberts. Para más información sobre diversos procedimientos de creación de sentido, véase su publicación en The Side View Journal.

v. Los cuales incluyen pero no se limitan a:

La creencia en un Dios trascendente e inamovible que vive por encima y más allá de la creación. A veces, este Dios es visto como algo tan perfecto que se vuelve totalmente estático y nunca responde al mundo, con lo que Dios se vuelve totalmente no-relacional. Otras veces, se representa a Dios como un dios griego todopoderoso sentado en un trono, esperando para abalanzarse sobre los que pecan, creando así una imagen de Dios parecida a la de un César o un tirano que permite a los humanos estar «bien» con los humanos que se comportan de forma similar según esta imagen «divina».

La creencia de que Dios no sólo conoce perfectamente el futuro, sino que ha orquestado todos los acontecimientos del mundo de acuerdo con Su voluntad, anulando así el libre albedrío y convirtiendo a Dios en el autor de todo mal y sufrimiento.

Un énfasis excesivo en una cosmovisión jerárquica desconectada del cielo basada en posiciones de poder, agentes de influencia de control, que han conducido a estructuras opresivas de dominación.

La doctrina del pecado original y la presunción de que toda la humanidad nace como criatura depravada, propuesta por Agustín de Hipona en el siglo IV. Su doctrina creó una bifurcación fundamental entre Dios y lo Humano, que llevó a devaluar e ignorar el hecho de que lo Humano fue llamado bueno junto con el resto de la creación en Génesis 1.

La doctrina del pecado original también condujo a la doctrina teológica de la sustitución penal que enfatizaba la separación inherente de la humanidad de Dios. Así, la única forma de volver a estar del lado bueno de Dios era promulgar la oración del pecador, con lo que Dios volvía a alienarse del mundo.

La enseñanza de que los milagros y el apostolado terminaron con la muerte de los apóstoles del primer siglo, que dio lugar al culto de la Biblia y programó a muchos a creer que el Espíritu no se mueve ni trabaja en el mundo de hoy.

El concepto de que Dios se manifiesta inherente y exclusivamente como masculino o varón, que ha conducido a un sistema jerárquico de control centrado en el hombre que desempodera y oprime a las mujeres.

El concepto de que Dios es un hombre blanco, que ha llevado a comportamientos opresivos y destructivos hacia los grupos indígenas y los pueblos de color.

Un énfasis excesivo en el cielo después de la muerte, que ha conducido a malas prácticas de muchos dentro del Occidente cristiano para destruir la tierra y sus entornos que dan vida.

Lecturas literales de un nuevo cielo y una nueva tierra, así como una obsesión con el fin del mundo, el rapto y la enseñanza apocalíptica de que la creación será destruida. Esto ha llevado a una falta de comportamiento medioambiental empático y responsable, así como de cuidado de las criaturas no humanas de la tierra.

La doctrina de Lutero del siglo XVI de la sola-scriptura, o "sola escritura", que ha llevado a la idolatría de la Biblia escrita y a la pérdida de la revelación continua que se encuentra en el mundo a través de la naturaleza y de la vida del Espíritu con los que están en Cristo. Esto ha conducido a interpretaciones peligrosamente estrictas y literalistas de los textos que se tambalean bajo cualquier estudio crítico, lo que provoca en muchos que se adentran en el camino del estudio lo que algunos llaman una "crisis de fe".

La tendencia protestante de leer a Jesús a través de las palabras de Pablo, en lugar de leer las cartas paulinas a través de la lente de la vida y enseñanzas de Jesús.

El desprecio por los procesos espirituales y vitales, ha llevado a una falta de comprensión respecto a la gracia y su papel en nuestra vida y ha desarrollado tendencias hiper perfeccionistas en diversas partes de la iglesia.

Devaluación de las experiencias místicas y espirituales en general como vehículos para la transformación del entendimiento Divino del ser humano.

Falta de comprensión de la Ecología de Dios tanto interna como externamente.

vi.   Para más información sobre la historia y las estructuras del misticismojudío,véanse las obras de Gershom Scholem, Moshe Idel, Rachel Elior, Pinchas Giller y Daniel Matt.

vii. Filipenses 2:7, Hebreos 2.

viii. Cuando menciono el alma a lo largo de este libro, no la asumo como una "sustancia" inmutable ni siquiera como algo que uno posee, sino como la actividad de la vida que genera el devenir de uno. A medida que el Espíritu deviene, el Alma deviene, como se ve en Génesis 2. Por lo tanto, no se puede poseer ni tener en propiedad por uno mismo, ya que es la actividad de la existencia y la conciencia.

ix.   Hart, R., Ivtzan, I., y Hart, D. (2013). Mind the Gap in Mindfulness Research: A comparative account of the leading schools of thought. (La investigación sobre mindfulness, a examen: un recuento comparativo de las principales escuelas de pensamiento). Revista de Psicología General, 17, 453-466.

x.   Speca, M., Carlson, L. E., Goodey, E. & Angen, M. (2000), "A randomized, wait-list controlled trail: the effect of a mindfulness meditation-based stress reduction program on mood and symptoms of stress in cancer outpatients", (Un ensayo aleatorizado controlado con lista de espera: el efecto de un programa de reducción del estrés basado en la meditación de atención plena sobre el estado de ánimo y los síntomas de estrés en pacientes ambulatorios con cáncer). Psychosomatic Medicine, 62, pp. 613–22.

xi.   Low, C. A., Stanton, A. L. & Bower, J. E. (2008), "Effects of acceptance-oriented versus evaluative emotional processing on heart rate recovery and habituation", (Los efectos del procesamiento emocional orientado a la aceptación frente al evaluativo en la recuperación de la frecuencia cardiaca y la habituación) Emotion, 8, pp. 419–24.

xii.   Kabat-Zinn, J., Lipworth, L., Burncy, R. & Sellers, W. (1986), "Four-
         year follow-up of a meditation-based program for the self-regulation
         of chronic pain: Treatment outcomes and compliance", (Seguimiento
         durante cuatro años de un programa basado en la meditación para
         la autorregulación del dolor crónico: Resultados del tratamiento y
         cumplimiento) The Clinical Journal of Pain, 2(3), p. 159; Morone, N.
         E., Greco, C. M. & Weiner, D. K. (2008), "Mindfulness meditation for
         the treatment of chronic low back pain in older adults: A randomized
         controlled pilot study", (Meditación mindfulness para el tratamiento del
         dolor lumbar crónico en adultos mayores: Un estudio piloto aleatorizado
         y controlado) Pain, 134(3), pp. 310– 19; Grant, J. A. & Rainville, P.
         (2009), "Pain sensitivity and analgesic effects of mindful states in zen
         meditators: A cross-sectional study," (Sensibilidad al dolor y efectos
         analgésicos de los estados mindful en meditadores zen: Un

xiii.   Davidson, R. J., Kabat-Zinn, J., Schumacher, J., Rosenkranz, M., Muller,
         D., Santorelli, S. F., Urbanowski, F., Harrington, A., Bonus, K. &
         Sheridan,

         J. F. (2003), "Alterations in brain and immune function produced by
         mindfulness meditation," (Alteraciones de la función cerebral e inmunitaria
         producidas por la meditación mindfulness) Psychosomatic Medicine, 65, pp.
         567–70.

xiv.   Hart, R., Ivtzan, I., & Hart, D. (2013). Mind the Gap in Mindfulness
         Research: A comparative account of the leading schools of thought.
         (Mind the Gap in Mindfulness Research: Un análisis comparativo de las
         principales escuelas de pensamiento). Review of General Psychology, 17,
         453-466.

xv.   Ivanowski, B. & Malhi, G. S. (2007), "The psychological and
         neurophysiological concomitants of mindfulness forms of meditation,"
         (Los concomitantes psicológicos y neurofisiológicos de las formas de
         meditación mindfulness) Acta Neuropsychiatrica, 19, pp. 76–91; Shapiro,
         S. L., Oman, D., Thoresen, C. E., Plante, T. G. & Flinders, T. (2008),
         "Cultivating mindfulness: effects on well-being," (Cultivar la atención
         plena: efectos sobre el bienestar), Journal of Clinical Psychology,
         64(7), pp. 840–62; Shapiro, S. L., Schwartz, G. E. & Bonner, G.
         (1998), "Effects of mindfulness-based stress reduction on medical and
         premedical students," (Los efectos de la reducción de estrés con técnicas

mindfulness en estudiantes de medicina y premedicina), Journal of Behavioral Medicine, 21, pp. 581–99; Siegel, D. Mindsight: The New Science of Transformation (New York; Random House, 2010).

xvi.   Fredrickson, B. L. & Joiner, T. (2002), "Positive emotions trigger upward spirals toward emotional well-being," (Las emociones positivas desencadenan espirales ascendentes hacia el bienestar emocional), Psychological Science, 13, pp. 172–5; Fredrickson, B. L. and Levenson, R. W. (1998), "Positive emotions speed recovery from the cardiovascular sequelae of negative emotions," (Las emociones positivas aceleran la recuperación de las secuelas cardiovasculares de las emociones negativas), Cognition and Emotion, 12, pp. 191–220; Tugade, M. M. & Fredrickson, B. L. (2004), "Resilient individuals use positive emotions to bounce back from negative emotional experiences," (Las personas resilientes utilizan las emociones positivas para recuperarse de las experiencias emocionales negativas), Journal of Personality and Social Psychology, 86, pp. 320–33.

xvii.   Véase, Dr. Danny Penman Mindfulness an Eight-Week Plan for Finding peace in a Frantic World, (Mindfulness: un plan de ocho semanas para encontrar la paz en un mundo frenético) para más información, p.5-6

xviii.   La palabra «ritual» ha sido fustigada por los protestantes estadounidenses, ya que conlleva nociones de repetición, práctica y rutina, es decir, las cualidades que rechazan dentro del catolicismo. Sin embargo, este rechazo ha tirado el grano con la paja y ha propagado una sutil rebelión contra la noción de práctica ritualizada. Como concepto, el ritual es lo que facilita la sacralidad ordenada, como el surco de un disco o una zanja de riego. Mantienen y producen una especie de memoria energética que puede impregnarse del Espíritu Divino. Cuando están llenos de intención y amor, los rituales pueden convertirse en uno de los aspectos más hermosos de nuestros viajes espirituales.

xix.   Obviamente existen excepciones siendo la de los Quakers la más notable.

xx.   Se trata de algo parecido a los ejercicios espirituales creados por San Ignacio de Loyola en el siglo XVI dentro de la tradición jesuita.

xxi.   Kaplan, Jewish Meditation, (Meditación judía) 41.

xxii.   Kaplan, Meditation and the Bible, (La meditación y la biblia) 64-65.

xxiii. Véase el libro de Pierre Hadot What is Ancient Philosophy? (¿Qué es la filosofía antigua?)

xxiv. Sherman, Partakers of the Divine: Contemplation and the Practice of Philosophy,(Partícipes de lo divino: La contemplación y la práctica de la filosofía) 9.

xxv. ibid, 10.

xxvi. Brock, The Wisdom of Saint Isaac the Syrian, (La sabiduría de San Isaac el sirio) homilies 64, 65.

xxvii. Aunque el Pseudo Dionisio popularizó este enfoque, San Gregorio de Nisa fue el primero en introducir ampliamente esta técnica a través de su obra fundamental La vida de Moisés.

xxviii. Vemos esta idea mencionada en las Escrituras, por ejemplo en Juan 1:18: «Nadie ha visto ni puede ver al Divino»; 1 Tim. 6:16: «Vive en luz inaccesible»; Job 11:7-8: «Sus caminos son inescrutables e insondables».

xxix. The Cloud of Unknowing and Other Works (La nube del no saber y otros trabajos) (Penguin Classics), 29.

xxx. The Cloud of Unknowing and Other Works (La nube del no saber y otros trabajos) (Penguin Classics), 9.

SOBRE EL AUTOR

Durante los últimos ocho años, Taylor Remington ha cultivado y se ha dedicado a prácticas meditativas y contemplativas centradas en Cristo. El fruto de sus experiencias, percepciones y estudios han revelado y refinado tecnologías espirituales que se centran en aspectos del sentimiento, la intuición y la sensación, que Taylor incorpora a sus prácticas y enseñanzas de Rooakh con el fin de reintegrar el cuerpo, el alma, las relaciones y el mundo exterior en unidad con el Espíritu. A través de estas técnicas centradas en el Espíritu, Taylor guía al individuo hacia nuevas experiencias de la siempre fluyente vida espiritual en Cristo, que inevitablemente resulta en una paz encarnada, o Shalom, en todas las áreas de la vida.

Taylor ha participado y servido en múltiples ámbitos espirituales cristianos durante los últimos diez años. Tiene una licenciatura en Estudios Interculturales y una especialización en Estudios Bíblicos por la Universidad de Biola, así como un máster en Teología y Religión por la Escuela de Teología Claremont, donde sus estudios se centraron en los aspectos transpersonales de la experiencia y el devenir. Taylor ha estudiado y trabajado con el Dr. Ogbonnaya de Aactev8 International durante los últimos ocho años, aprendiendo y encarnando métodos cristianos y judíos de compromiso divino. La formación y experiencia de Taylor se centran en lo espiritual, tal y como se enfatiza a través de las prácticas e ideas históricas, místicas, filosóficas y teológicas de la Iglesia antigua, medieval y moderna. Además de su formación académica, Taylor es profesor certificado de Mindfulness y Meditación, así como profesor certificado de Mindfulness Cristiano.

Taylor y su esposa Megan viven actualmente en el sur de California y disfrutan pasando su tiempo viajando, aprendiendo, leyendo y viendo a los Lakers.

SeraphCreative

Heaven's Heart for Earth

Seraph Creative es un colectivo de artistas, escritores, teólogos e ilustradores que desean ver el cuerpo de Cristo crecer en plena madurez, caminando en su herencia como Hijos de Dios en la Tierra.

Suscríbete a nuestro boletín de noticias para estar al tanto de futuros lanzamientos.

Visita nuestra página web:

www.seraphcreative.org

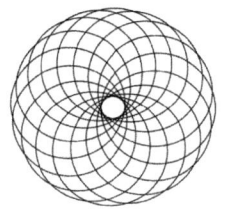

www.ingramcontent.com/pod-product-compliance
Lightning Source LLC
Chambersburg PA
CBHW051221120626
46547CB00013B/1457